COLONIE ICARIENNE

AUX

ÉTATS-UNIS D'AMÉRIQUE.

SA CONSTITUTION, SES LOIS,

SA SITUATION

MATÉRIELLE ET MORALE,

APRÈS

PREMIER SEMESTRE 1855.

PARIS.

CHEZ L'AUTEUR, N° 3, RUE BAILLET,

ET CHEZ TOUS LES LIBRAIRES.

JANVIER 1856.

IDÉE GÉNÉRALE

DE LA

COLONIE ICARIENNE.

La Colonie Icarienne, en Amérique, est fondée dans le but : 1° de défricher, cultiver et civiliser le désert, en y établissant toutes les industries utiles, pour produire et fabriquer tout ce qui est nécessaire à un Peuple ; 2° de créer un Etat ; 3° de créer d'abord une Commune, puis d'autres successivement ; 4° de procurer à tous les membres le bien-être en travaillant ; 5° d'offrir un asile aux Républicains proscrits, qui adopteront ses principes, réuniront les qualités et les conditions nécessaires ; 6° de faire une expérience, dans l'intérêt de l'Humanité, pour chercher le système d'organisation sociale et politique le plus parfait, le plus favorable au progrès, le plus capable d'assurer le bonheur du Genre Humain.

Le système de la Colonie Icarienne (appliqué à un pays que nous appelons *Icarie* dans l'ouvrage publié sous le titre *Voyage en Icarie*), nous paraissant le plus parfait, c'est ce système qu'essaiera d'abord la Colonie Icarienne.

Cette Colonie ne ressemble donc à aucune autre, puisqu'elle a pour but, non seulement l'intérêt et le bonheur de ses membres, mais encore l'intérêt et le bonheur de toute l'Humanité.

COLONIE ICARIENNE.

Elle n'est ni exclusivement Française ou Allemande, ni exclusivement Américaine ou Anglaise, etc., etc.; mais elle est *Universelle*, en ce sens qu'elle admet des émigrants de tous les pays, pourvu qu'ils adoptent ses principes, son système, son contrat social ou sa constitution et ses lois, et qu'ils réunissent les conditions d'admission expliquées ci-après.

Nous dirons d'abord deux mots sur l'*histoire* de la Colonie Icarienne jusqu'aujourd'hui et sur la station préparatoire de Nauvoo.

Nous donnerons ensuite une idée générale du système Icarien, soit pour un *Etat*, soit pour une *Commune*.

Puis nous ferons connaître la *Constitution Icarienne*, la loi sur l'Assemblée générale, les conditions, la forme et l'effet de l'admission. Enfin nous ferons connaître sa situation matérielle et morale; nous dirons le bien et le mal qui existe, et nous indiquerons le remède que nous proposons pour supprimer le mal.

CHAPITRE PREMIER.

DEUX MOTS SUR L'HISTOIRE D'ICARIE.

CONVERSION AU COMMUNISME.

Pendant un exil de cinq années, de 1834 à 1839 (pour avoir dit que le système de Louis-Philippe le conduirait inévitablement aux mitraillades et à l'abîme), Cabet consacra tout son temps, à Londres, à composer les ouvrages qu'il croyait les plus utiles au Peuple. Il rédigea en effet trois histoires populaires abrégées, une *Histoire universelle*, une *Histoire d'Angleterre* et une *Histoire de la Révolution française*.

L'histoire ne montrant à chaque page que des désordres et des *calamités*, il en chercha la cause et le remède. Il vit la *cause* dans une *mauvaise organisation sociale*, et le *remède* dans une *organisation meilleure*.

AVERTISSEMENT.

Une soixantaine de pages contenues dans la première partie de ce livre, ont déjà été imprimées dans différentes brochures et sont, par conséquent, connues de nos lecteurs habituels. Nous avons cru néanmonis devoir les reproduire afin que les personnes qui n'ont pas suivi la marche et les développements de la Colonie Icarienne, trouvent réunis tous les éléments de son histoire. Cette première partie est d'ailleurs pour tous une introduction nécessaire à la deuxième partie qui renferme le compte-rendu sur la situation matérielle et morale de la Communauté suivi d'une Adresse du Fondateur d'Icarie aux Icariens de France.

On trouvera dans la deuxième partie plusieurs comptes où les sommes sont calculées en dollars, ce qui est indiqué par le signe ; le lecteur qui voudra se rendre compte des sommes en francs, devra diviser le dollar par 5 fr. 40 c.; valeur effective du dollar américain.

Le cent est l'équivalent de notre sou, c'est la centième partie du dollar.

Voyant partout et toujours la guerre entre l'*Aristocratie* et la *Démocratie*, il pensa que, pour établir la paix, il fallait nécessairement supprimer l'une des deux armées belligérantes et donner la préférence à la *Démocratie*. Et comme il n'apercevait nulle part une grande *Démocratie* organisée, il chercha comment on pourrait organiser une Nation en Démocratie.

Il trouva bientôt qu'il était impossible d'organiser une Démocratie avec l'*opulence* et la *misère*, avec des riches et des pauvres, avec l'inégalité de fortune,

Puis, il arriva à la conviction qu'il était encore impossible d'établir l'égalité de fortune, d'abondance et de bien-être sans la *Communauté des biens*.

Il essaya alors d'organiser, sur le papier, une grande Communauté (une Commune, un État), et il reconnut que la Communauté résolvait parfaitement toutes les questions sociales ; qu'elle était réalisable, possible et même facile si on le voulait ; qu'elle réalisait d'immenses *économies* ; qu'elle augmentait immensément la *production* ; et qu'elle assurait l'abondance, le bien-être et le bonheur pour tous les citoyens et pour tous les hommes.

Il consulta alors tous les philosophes anciens et modernes ; il parcourut tous les ouvrages philosophiques de la grande bibliothèque de Londres ; et il découvrit, avec autant de joie que de surprise, que tous, Jésus-Christ en tête, admettaient la *Communauté* comme le système social le plus parfait.

Il écrivit alors son *Voyage en Icarie*.

VOYAGE EN ICARIE.

C'est un voyage imaginaire, comme la *République de Platon*, comme l'*Apocalypse* de Jean, comme la *Cité de Dieu*, de St-Augustin, comme l'*Utopie* de Thomas Morus, comme la *Cité du Soleil* de Campanella, etc., etc.

Mais sous la forme d'un *Voyage* ou d'un *roman*, c'est en

réalité une description de l'Organisation sociale et politique de la Communauté; c'est un *traité scientifique et philosophique*, sous une forme plus palpable, plus intelligible et plus populaire.

L'ouvrage est divisé en trois parties.

1ʳᵉ *Partie.* — Les 6 premiers chapitres contiennent les dangers des voyages actuels; — les agréments des Voyages en Icarie; un coup d'œil sur les villes, etc. — les routes; les hôtelleries; — la campagne; — un coup d'œil sur l'organisation sociale et politique; — la description d'Icara, Capitale.

Les chap. 7 à 16 concernent : — la nourriture; — le vêtement; — le logement; — l'Éducation; — l'Organisation du travail et de l'industrie; — la santé, les médecins, les hospices; — les écrivains et les savants, les juges et les avocats, etc.; — les ateliers de femmes et les romans.

Les chap. 17 et 19 concernent l'Agriculture et le Commerce.

Les chap. 20 et 37 concernent la Religion.

Les chap. 21 à 27 concernent l'Organisation politique et les journaux.

Les chap. 15 et 27 concernent le mariage.

Les chap. 28 à 35 concernent la promenade; — les théâtres; — les fêtes et les jeux.

Le chap. 40 concerne les femmes.

Les chap. 36 à 42 concernent les Colonies et les étrangers.

2ᵉ *Partie.* — Les 3 premiers chap. concernent les vices des anciennes Organisations sociales et politiques.

Les chap. 4 à 6 concernent l'établissement de la Communauté dans une ancienne société, et le Régime *transitoire.*

Les chap. 7 et 8 contiennent les objections et leur réfutation.

Les chap. 9 et 10 contiennent un tableau historique du progrès de la Démocratie et de l'Égalité.

Le chap. 11 contient le tableau des progrès de l'Industrie.

Les chap. 12 et 13 contiennent les opinions des Philosophes sur la Communauté.

Le chap. 14 contient l'Avenir de l'Humanité.

3° *Partie.* Doctrine et Principes de la Communauté.

Pour prouver que le Communisme Icarien est la même chose que le Christianisme, Cabet composa le *Vrai Christianisme.*

VRAI CHRISTIANISME.

L'ouvrage se divise en 2 parties.

La 1re *partie* ou l'*introduction* expose les premières idées religieuses chez les premiers Peuples, chez les Égyptiens et les Hébreux; le Mosaïsme; deux mots sur l'histoire des Juifs, puis sur Jean-Baptiste.

La 2e partie ou le Vrai Christianisme contient : — Un coup d'œil sur l'histoire de J.-C., depuis sa naissance à sa prédication; — sa *Doctrine* sur Dieu, sur le Règne de Dieu, sur la Fraternité, l'Egalité, la Liberté, la Démocratie, l'Unité, l'Association, l'opulence et la misère, le travail et le salaire, la Communauté des biens.

Il contient aussi la *Morale* de J.-C. — Ses idées sur la perfection future; — sa *Religion* et son *Culte.*

Il contient encore : — sa propagande; — son triomphe, son supplice, et sa résurrection; l'histoire des Apôtres, leur Communauté, leurs écrits, les Évangiles et les Épîtres; — des notices sur les Pères de l'Église; — enfin l'identité du Communisme avec le Christianisme.

AUTRES OUVRAGES DE CABET.

En revenant d'exil, Cabet publia son Histoire populaire de la Révolution française, en 4 volumes, 6 brochures politiques sur la crise de 1840, 5 brochures contre les Bastilles et le bombardement de Barcelone.

Puis, il publia 30 à 40 écrits pour exposer davantage son Communisme Icarien, savoir :—Comment je suis Communiste ; — Mon Credo Communiste ; — 12 lettres d'un Communiste à un Réformiste sur la Communauté ; — Ma ligne droite ; — Le Guide du citoyen ; — La Propagande Communiste ; — La Femme ; — L'Ouvrier ; — État de la Question Sociale ;— Petits dialogues populaires ; — L'Almanach Icarien depuis 1843 ; — Le journal le *Populaire*, depuis 1841.

Pour réfuter toutes les objections, toutes les critiques et toutes les attaques, il publia : — Réfutation de l'*Humanitaire* ; — id. de l'*Atelier* ; — id. de l'Abbé Constant ; — Le Démocrate devenu Communiste malgré lui ; — Le Gant jeté au Communisme ; — Salut ou ruine ; — Le Cataclysme Social ; — Toute la vérité au Peuple ; —Le Voile soulevé ;—Les masques arrachés ; — A bas les Communistes ; — Inconséquences de Lamennais ; — Eau sur Feu, réponse à Cormenin ; — Biographie du citoyen Cabet.

Depuis 1848, il publia : — Bien et mal, danger et salut ; — Onze discours à la Société fraternelle ; —L'Insurrection de Juin ; — Réalisation de la Communauté ; — Lettre à l'Archevêque de Paris ; — Deux lettres à Louis-Napoléon ; — Mon procès et mon acquittement.

PROPAGANDE.

Convaincu qu'un pareil système de Communauté, basé sur la Fraternité, ne peut pas s'établir par la violence et la contrainte, Cabet adopta, à l'exemple de Jésus, une propagande légale et pacifique ; il demanda l'établissement de la Communauté, par la persuasion, par la conviction, par le libre consentement des individus ; il ne s'adressa qu'à l'Opinion publique; et il exhorta le Peuple à renoncer aux sociétés secrètes, aux conspirations, à l'émeute et à l'insurrection, pour ne s'attacher qu'à s'instruire et à se moraliser, afin de se préparer à la Communauté.

Cette doctrine de Communauté Icarienne et de Fraternité, cette propagande légale et pacifique, eurent un plein succès, et firent plus de conversions que toute autre doctrine.

Après six années seulement de propagande écrite, la masse ouvrière, surtout dans les grandes villes, et l'élite des travailleurs dans chaque industrie, devinrent Communistes Icariens.

Et si le Gouvernement avait permis à Cabet de faire des lectures ou des explications orales et publiques dans des réunions populaires, soit à Paris, soit dans les départements, comme il le permettait aux Fouriéristes, il n'y a pas le moindre doute que la population se trouverait aujourd'hui généralement convertie au Communisme Icarien.

Et même, si l'on avait voulu lui permettre d'essayer la Communauté *en France*, il aurait certainement trouvé tous les Icariens et tout l'argent nécessaires pour faire une ou plusieurs Communes Icariennes en France, et le problème de la suppression de la misère, du paupérisme et du prolétariat, se trouverait aujourd'hui résolu.

PERSÉCUTION.

Mais le Gouvernement, l'Aristocratie, les privilégiés, les conservateurs des anciens abus, et le haut clergé, se liguèrent pour calomnier et persécuter les Icariens, comme autrefois les Pharisiens et les Païens avaient calomnié et persécuté les Chrétiens.

Le parti révolutionnaire lui-même, surtout le parti du *National* et celui de la *Réforme*, se joignirent aux ennemis des Icariens pour les calomnier et les persécuter à cause de leur propagande *légale et pacifique*.

Tandis que les premiers proscrivaient les Icariens comme

révolutionnaires, les seconds les proscrivaient comme anti-révolutionnaires.

ÉMIGRATION EN AMÉRIQUE.

Alors, pour éviter cette persécution générale, Cabet invoqua, en mai 1847, ces paroles de Jésus-Christ à ses disciples : « Si l'on vous persécute dans une ville, retirez-vous dans une » autre. »

Et il proposa l'Emigration pour aller courageusement fonder Icarie dans un désert en Amérique.

Aller fonder Icarie en Amérique, au delà des mers, à 2,000 ou 3,000 lieues, sous un climat nouveau, dans un désert ou tout serait à créer, à côté d'hommes parlant une autre langue, était une entreprise bien autrement coûteuse et difficile qu'elle l'aurait été en France !

Aussi la proposition souleva-t-elle beaucoup d'objections et d'oppositions. Mais Cabet répondit à tout ; rien ne put intimider ou détourner les Icariens, qui n'écoutèrent que leur *dévoûment* à l'Humanité. Et le 3 février 1848, partit pour le Texas (où plus d'un million d'acres de terres leur avaient été concédés au nord-ouest, le long de la Rivière-Rouge) une première Avant-Garde, composée de 70 hommes, que Cabet salua du titre de *Soldats de l'Humanité*, chargés d'aller explorer, choisir et préparer.

D'autres Avant-Gardes pareilles devaient suivre la première, de quinzaine en quinzaine ; les familles devaient partir en septembre ; et Cabet devait partir lui-même avec elles.

Mais la Révolution du 24 février 1848 vint subitement bouleverser tous les plans et détruire tous les moyens.

RÉVOLUTION DU 24 FÉVRIER 1848.

Les Icariens s'y montrèrent partout courageux et dévoués ; partout on applaudit à leur conduite brave, généreuse, désintéressée.

Dès le 25, Cabet avait fait afficher sur tous les murs de Paris une proclamation, devenue célèbre, dans laquelle il les exhortait à l'Union autour du Gouvernement provisoire pour l'appuyer ; à la modération et à la générosité (point de vengeance ! point d'atteinte à la propriété), et à l'ajournement du système Icarien; pour n'agir que comme Français, Patriotes, Démocrates et Républicains. On avoua, depuis, que jamais peut-être plus grand service n'avait été rendu à la Société.

Mais beaucoup d'Icariens, espérant le progrès en France avec la Révolution, ne voulurent plus émigrer ; beaucoup d'autres, se trouvant ruinés, ne purent plus ni partir ni faire aucun sacrifice ; et la persécution surtout vint tout paralyser.

NOUVELLE PERSÉCUTION.

C'est horrible ! Les hommes du *National* et de la *Réforme*, depuis longtemps ennemis des Icariens parce que ceux-ci étaient *pacifiques*, s'étaient emparés du Gouvernement provisoire, et se trouvaient encore ennemis, soc par rancune et vengeance, soit parce qu'ils voulaient une République *bourgeoise*, tandis que les ariens demandaient une République *populaire* ou *démocratique*.

Dès les premiers jours, il adopta contre eux, non seulement pour Paris, mais pour toute la France, un vaste système de *calomnies* et de *persécution*, pour les exclure des élections et des emplois, de la garde nationale et de l'Assemblée nationale. Les Communistes étaient traités comme des parias ou des proscrits ! Au 16 avril, le Gouvernement fit ou laissa crier, par la Réaction armée, *A bas les Communistes, Mort à Cabet* ! Le 15 mai et le 23 juin furent perfidement attribués aux Communistes ; on imputa faussement et traîtreusement à Cabet la direction de tous les mouvements; des mandats furent lancés contre lui ; il fut continuellement menacé d'assassinat ou d'arrestation et continuellement forcé de se cacher.

Cependant, malgré ces effroyables difficultés, deux autres

Avant-gardes et quatre grands convois de familles, environ
500 Icariens, partirent pour le Texas en 1848. La 2ᵉ Avant-
garde y rejoignit la 1ʳᵉ.

Mais, à leur arrivée à la Nouvelle-Orléans, les autres y
rencontrèrent les deux premières Avant-gardes qui revenaient
du Texas.

RETRAITE DES DEUX PREMIÈRES AVANT-GARDES.

Entraînée par son enthousiasme et son ardeur, négligeant
les précautions et les conseils, bravant trop la fatigue et le
soleil; d'abord privée de nouvelles de France; puis effrayée
par les désastres d'avril, de mai et de juin, par de faux bruits
sinistres et surtout par celui de la mort de Cabet assassiné;
démoralisée par la fièvre et par quelques victimes, la 1ʳᵉ Avant-
Garde abandonna malheureusement le Texas et revint à la
Nouvelle-Orléans, avec la seconde, au moment où les autres
arrivaient successivement de France.

La désolante nouvelle de cette déplorable retraite, que
toutes les lettres précédentes empêchaient de prévoir, vint,
comme la foudre, frapper Cabet au moment où il était poursuivi devant un tribunal qui le condamna à un mois de prison, parce que, en mai 1848, on avait trouvé quelques fusils
dans la maison du *Populaire*. Néanmoins, il partit à l'instant,
non sans difficultés, en déclarant depuis Boulogne qu'il revien-
drait se constituer prisonnier.

DÉPART DE CABET.

Il partit de Paris le 13 décembre 1848, pendant l'hiver,
pour Londres, Liverpool, New-York, et la Nouvelle-Orléans,
ravagée par le choléra, où il arriva le 19 janvier 1849.

Il convoque l'Assemblée générale; il provoque toutes les
explications; il propose d'abandonner l'entreprise si l'on est
unanime, ou de la continuer avec ceux qui seront résolus, en
donnant 200 fr. à chacun de ceux qui voudraient se retirer.

La majorité, 280 (dont 142 hommes, 74 femmes et 64 enfants) persévérant dans l'entreprise, on remet environ 20,000 fr. à ceux qui se retirent, et l'on part, le 1er mars, sur un bateau à vapeur, pour Nauvoo, sur le Mississipi, dans l'Illinois, au-dessus de St-Louis, au centre des Etats-Unis. Et l'on choisit cette ville, parce qu'on peut facilement y arriver en bateau, parce que son climat est sain, parce que sa terre est fertile, et surtout parce que, ayant été récemment abandonnée par les Mormons pour s'établir au large dans le désert, elle offre le précieux avantage d'y trouver tout de suite tous les logements et les ateliers nécessaires, sauf à se transporter plus tard ailleurs.

La Colonie arrive le 15 mars à Nauvoo.

ÉTABLISSEMENT PROVISOIRE A NAUVOO.

Elle loue des maisons d'habitation, une ferme et des terres.

Elle achète quelques bâtiments, quelques terres, des chevaux, des bestiaux, etc. Peu après, elle achète les restes du temple des Mormons, brûlé deux ans auparavant et qui n'a plus que ses quatre murs, avec son enclos de 4 acres, pour y faire une Ecole ou une Académie.

Elle s'organise matériellement chaque jour en réparant les vieux bâtiments, en fabriquant ses meubles les plus nécessaires. Elle organise : — ses logements individuels ; — deux écoles, l'une pour les petites filles, l'autre pour les petits garçons ; — deux infirmeries et une pharmacie ; — une grande cuisine et un grand réfectoire pour tous les repas en commun ; — une boulangerie ; une boucherie ; — une buanderie et un lavoir.

Elle organise le jardinage et l'agriculture dans les fermes ; — les écuries et les bestiaux. — Bientôt elle achète un moulin à vapeur pour sa farine, avec une distillerie et une porcherie, en y ajoutant une scierie. — Elle fabrique des barques et des filets pour la pêche, qui est fructueuse, tandis que la chasse fournit quelque gibier à l'infirmerie.

Elle organise ses ateliers d'hommes : — de tailleurs ; — cordonniers ; — sabotiers ; — matelassiers ; — maçons ; — plâtriers ; — charpentiers ; — menuisiers ; — tourneurs ; — charrons ; — tonneliers ; — mécaniciens ; — forgerons ; — serruriers ; — armuriers ; — tôliers, poêliers et ferblantiers ; — horlogers ; — tisseurs ; — tanneurs ; — jardiniers ; — agriculteurs ; — bûcherons ; — boulangers ; — bouchers ; — meuniers ; — cuisiniers ; — etc.

Elle organise ses ateliers de femmes : — lingères ; — couturières ; — laveuses ; — repasseuses ; — cuisinières, etc.

Elle organise ses Assemblées générales, et ses élections, soit pour la Gérance, soit pour le Bureau de l'Assemblée, soit pour les Directeurs d'ateliers, soit pour des Commissions et des fonctionnaires.

Elle organise ses plaisirs et ses jeux ; ses promenades champêtres ; sa musique instrumentale et sa musique vocale, ses concerts et son théâtre ; ses cours et ses lectures en commun.

Elle établit un magasin à St-Louis pour y vendre les produits des ateliers de cordonniers et bottiers, de tailleurs et lingères, du moulin et de la distillerie.

Elle exploite une mine de charbon de terre pour son chauffage.

Elle organise une *imprimerie* et une lithographie, pour imprimer tous ses écrits intérieurs, et elle publie deux *journaux*, un en français, l'autre en allemand.

Elle a une bibliothèque, un petit cabinet de physique et de chimie, et un petit arsenal pour ses armes de chasse.

Tous les membres de la Colonie travaillent et sont distribués dans les divers ateliers d'hommes et de femmes.

Chaque atelier élit ses directeurs.

Quand l'Agriculture réclame un travail extraordinaire, on ajoute aux agriculteurs tous les aides nécessaires en les demandant aux ateliers qui peuvent les fournir sans inconvénient.

En été, le travail est suspendu pendant la chaleur.

Pas de domestique; chaque femme est chargée du soin de son ménage.

Tout le monde entre dans les ateliers et sort en même temps.

Les femmes qui sont près d'accoucher et les nourrices peuvent être autorisées à travailler chez elles.

Le déjeuner, le dîner et le souper se font en commun.

L'Égalité règne dans les repas comme partout.

Les membres de la Gérance y sont les serviteurs de tous leurs frères.

Après le souper, il y a récréations, jeux, cours, réunions, Assemblée générale, discussions.

Le dimanche, instruction sur le Vrai Christianisme, admissions de nouveaux membres, mariages, promenade individuelle ou commune avec musique et repas champêtre, jeux, concert et spectacle le soir.

La Colonie fait sa *Constitution*, en 183 articles, discutée pendant 9 séances, et votée à l'unanimité. — Elle discute et vote également, pendant beaucoup de séances, une loi sur l'Assemblée générale, et une loi sur les admissions, les retraites et les exclusions.

Elle obtient de la Législature de d'Illinois un acte qui incorpore et reconnaît la *Communauté Icarienne.*

Deux fois, à l'unanimité, elle élit Cabet pour son Président, et l'élira une troisième fois en 1852, pendant son absence et trois autres fois depuis.

Un incendie, qui détruit une de ses écuries, une inondation qui ravage son moulin, un orage qui renverse les murs du temple au moment où l'on commençait sa reconstruction, lui causent de grandes pertes. — Mais elle construit un grand réfectoire pour 800 personnes avec sa cuisine; elle commence à construire une école, etc., etc.

Quelques habitants (dont les intérêts commerciaux ou les

préjugés se trouvent froissés) lui montrent peu de bienveillance; mais la généralité des citoyens lui témoignent beaucoup de sympathie depuis son arrivée. Ils fraternisent avec eux, soit en célébrant la fête anniversaire de l'indépendance Américaine, soit en les admettant dans leurs jeux, leurs banquets, leurs concerts, leurs spectacles et leurs bals.

Elle a des décès et des retraites, mais aussi des mariages (même avec des filles du pays), des naissances et des recrues; et la Colonie Icarienne compte aujourd'hui 600 individus, hommes, femmes et enfants; et sans la Révolution de 1848, elle en aurait presque certainement 10 à 20,000.

Mais la persécution ne l'abandonne pas; elle la poursuit de France en Amérique; et pour détruire la Colonie, la Communauté et le Communisme, elle s'efforce de tuer moralement son Président et son Guide.

PROCÈS CONTRE CABET A PARIS.

Nous ne craignons pas de l'affirmer, personne, peut-être, n'a montré plus de *dévoûment* à la cause du Peuple et de l'Humanité depuis 1830, surtout quand il a quitté sa famille en décembre 1848, au milieu de l'hiver, âgé et souffrant, pour aller secourir ses frères à 3,000 lieues, en bravant le choléra et les redoutables conséquences d'un premier désastre.

Personne peut-être aussi n'a été plus calomnié et persécuté depuis 1830, précisément à cause de son dévoûment au Peuple.

Nous avons déjà parlé des cris de mort (chose honteuse pour la France!) poussés publiquement contre lui, le 16 avril, par la garde nationale ou par la Réaction. Peu avant la Révolution de février, il fut arrêté à l'instant même de son retour d'un voyage en Angleterre, et accusé soit de conspiration pour renverser Louis-Philippe et prendre sa place, soit d'escroquerie sous prétexte qu'il demandait de l'argent aux

Icariens sans avoir l'intention de les conduire en Icarie. Cette seconde accusation, contradictoire avec la première, repoussée par une multitude de protestations de la presse et surtout des Icariens, était tellement absurde qu'elle fut unanimement anéantie par le tribunal de Saint-Quentin et même abandonnée par le ministère public.

Mais il ne fut pas plutôt parti, en décembre 1848, que tous les journaux réactionnaires, profitant de son éloignement, se liguèrent pour l'accabler de calomnies et d'attaques.

Poussé par la Réaction, le gouvernement provoqua de nouvelles poursuites contre lui en l'accusant d'escroquerie, sous prétexte que sa colonie n'était qu'une entreprise *fictive, fausse, imaginée* pour escroquer les Icariens, et que son *Voyage en Icarie*, son *vrai Christianisme*, son *Populaire* et ses 40 ou 50 autres écrits, n'avaient été composés et publiés que pour préparer pendant dix ans et pour consommer l'escroquerie. Rien n'était évidemment plus absurde et plu monstrueux !

Aussi, dès que l'accusation fut connue, les protestations éclatèrent de tous côtés, soit de la part des Icariens, soit de la part de la Colonie, soit de la part de l'accusé qui demanda le temps de revenir d'Amérique en France pour se défendre.

Mais la vraie situation des Icariens n'était pas connue du tribunal ni du magistrat chargé de soutenir la prévention, et qui allait jusqu'à nier l'existence de la Colonie à Nauvoo, même jusqu'à nier l'existence de Nauvoo. Le tribunal correctionnel de Paris n'accorda que des délais insuffisants; il jugea Cabet en son absence, le déclara coupable sous le faux prétexte qu'il n'avait aucune terre au Texas, et le condamna à deux ans de prison et à la privation de ses droits politiques; ce qui pouvait l'empêcher d'être élu député.

Tous les journaux réactionnaires en France, même leurs complices en Allemagne, en Angleterre et en Amérique, publièrent la condamnation comme un triomphe : « Voilà,

» disait l'un d'eux, l'homme qui a été sur le point de se faire
» dictateur en mars et en avril 1848, condamné comme escroc ! »

Mais des centaines d'adresses signées par des milliers d'Icariens et de Démocrates, en France, en Angleterre, en Amérique et surtout dans la Colonie, vinrent protester contre la monstrueuse iniquité de cette condamnation, aussi honteuse pour la France que les cris de *mort à Cabet* poussés par la Garde nationale au 16 avril, sous les yeux du Gouvernement provisoire.

Les électeurs de Paris protestèrent aussi en choisissant Cabet pour leur candidat, quoiqu'il fût absent, dans toutes les élections postérieures.

Il protesta lui-même en écrivant plusieurs lettres publiques soit à Louis-Napoléon, pour se plaindre ; soit au Président du tribunal pour former opposition au jugement par défaut ; soit pour en appeler devant la Cour supérieure en prenant l'engagement de faire le voyage d'Amérique en France pour comparaître devant elle, aussitôt que le progrès de la Colonie le lui permettrait sans danger pour elle.

RETOUR DE CABET EN FRANCE. — SON TRIOMPHE.

Enfin, le 15 mai 1851, il partit de la Colonie pour Londres et Paris, où il arriva après avoir fait 3,000 lieues en bateaux à vapeur et en chemins de fer dans l'espace de 23 jours.

Presque tous ses amis, en Angleterre comme en Amérique, voulaient s'opposer à son départ, convaincus, disaient-ils, que c'était là une affaire politique soit pour tuer la Colonie et le Communisme, soit pour empêcher son élection, et que, par conséquent, il était infailliblement condamné d'avance.

Mais il persista ; convaincu qu'il serait impossible de le condamner après l'avoir entendu lui-même, convaincu d'ailleurs que son *devoir* était de braver le danger de la condamnation, résigné à tout, même au martyre, et persuadé que la Colonie était assez organisée, assez unie, assez courageuse et assez forte pour supporter son absence et même sa condamnation.

Arrivé à Paris, il se constitua d'abord prisonnier pendant un mois ; puis il comparut devant la Cour , porteur de l'acte par lequel la compagnie Peters lui avait concédé un million d'acres de terres au Texas.

Entre autres choses , il dit et démontra à la Cour que, s'il avait été ambitieux et cupide, il lui était facile d'arriver à tout, pouvoir, honneurs et fortune ; d'abord avec Louis-Philippe ; ensuite avec Louis-Napoléon , qu'il avait connu pendant leur commun exil à Londres , en 1838 ; puis avec le Gouvernement provisoire en 1848; que si , au lieu de faire sa proclamation du 25 février pour exciter le Peuple à la modération et à la générosité, il avait voulu entrer dans le Gouvernement provisoire, il y serait entré, et que, dans tous les événements postérieurs, en mars , en avril, en mai, son nom avait toujours été inscrit, à son insu, parmi les membres d'un nouveau Gouvernement ou d'une Dictature.

Il fit aussi connaître à la Cour quelques-uns des principaux principes de son système Icarien et de sa doctrine Icarienne, en racontant rapidement ce qu'il avait fait en Icarie, et prouva qu'aucune doctrine n'était plus morale , plus pure, plus empreinte d'Humanité et de Fraternité, d'Egalité et de Liberté, de justice et d'ordre, de désintéressement et de dévoûment.

Plus d'une fois il arracha des larmes à ses juges ; et le ministère public, lui-même , fut entraîné à lui adresser un solennel remercîment au nom de la société , pour l'immense service qu'il avait rendu par sa proclamation du 25 février.

Enfin , après quatre jours de débats et une défense de quatre heures prononcée par l'accusé lui-même, en présence d'un public nombreux, la Cour annula contradictoirement la condamnation par défaut du tribunal.

Et l'un des journaux précédemment opposés à Cabet ne peut s'empêcher d'avouer, qu'il était sorti du combat avec tous les honneurs de la victoire.

Et si les Icariens avaient été libres de manifester leurs sentiments par des banquets, soit à Paris, soit dans les départements, des centaines de milliers de Communistes, de Socialistes et de simples Démocrates, auraient célébré le triomphe du chef Icarien comme leur commun triomphe,

PROSCRIPTION DE CABET APRÈS LE 2 DÉCEMBRE.

Mais, tandis que Cabet se prépare à retourner en Icarie, éclate subitement le coup d'état du 2 décembre. Il est forcé de se cacher pendant plus d'un mois ; enfin, il est arrêté chez lui, le 26 janvier, emprisonné dans une casemate du fort de Bicêtre ; puis extrait de sa prison pour être immédiatement transporté de force en Angleterre, le 1er février, comme *chef d'école socialiste* et comme *drapeau politique.*

COMMUNE ICARIENNE EN FRANCE, OU EN ANGLETERRE. RETOUR DE CABET EN ICARIE.

Une Commune Icarienne en France serait bien autrement facile qu'en Amérique, parce qu'on éviterait : les inconvénients, les fatigues et les dépenses énormes du transport sur mer et sur terre à 3,000 lieues ; les maladies de l'acclimatation ; les difficultés d'une langue étrangère ; la nécessité de tout construire, de tout créer dans le désert ; la difficulté de trouver, même en les achetant, beaucoup de machines et de choses dont on a besoin ; la difficulté de placer et de vendre ses produits ; la difficulté de se procurer tous les secours scientifiques et autres de la civilisation ; la difficulté et les lenteurs des correspondances, etc., etc.

L'établissement d'une Commune Icarienne en Angleterre, aurait autant d'avantages, et serait aussi facile qu'en France.

Il serait même plus facile, parce qu'il y a plus de liberté et plus d'indépendance ; parce qu'il y a plus d'argent et de grandes fortunes ; plus de chances d'y trouver l'emprunt nécessaire pour une pareille opération.

Mais rien à espérer en France pour le moment.

Cabet aurait tenté la chose en Angleterre, en prenant toutes les précautions nécessaires, s'il avait pu y rester trois ou quatre mois de plus, en 1852, pour y préparer l'entreprise ; car les idées de Progrès, de Réforme et de Socialisme y sont, comme les sentiments généreux et humanitaires, plus communs qu'on ne le croit généralement.

Il ne douterait pas du succès complet d'une Commune Icarienne en Angleterre, parce que les trois années d'expérience de la Colonie Icarienne à Nauvoo lui donnent la conviction que la Communauté est parfaitement réalisable avec des Icariens et de l'argent ; et le succès complet d'une simple Commune Icarienne en Angleterre, déterminerait le succès d'un État Icarien en Amérique.

RETOUR DE CABET EN ICARIE.

Mais Cabet ne peut rester davantage à Londres ; son devoir l'appelle dans la Colonie Icarienne en Amérique ; il part de nouveau en juin 1852, pour y réaliser son premier projet d'une Communauté dans le désert.

COMMUNE ICARIENNE EN AMÉRIQUE. ÉTABLISSEMENT DANS LE DÉSERT.

En 1853, la Colonie Icarienne, provisoirement établie à Nauvoo, va reprendre sa marche en avant dans le désert. Elle décide qu'elle s'établira au sud-ouest de l'État de l'Iowa, où elle envoie une première avant-garde qui prend d'abord possession de terrains libres sur les bords de la rivière Noddaway. Depuis, nous y avons acheté près de 4,000 acres, et nous allons y avoir à la fin de l'été 1855, une centaine de personnes installées, et près de cent cinquante têtes de bétail ; des porcs, de la volaille, etc.

STATION DE NAUVOO.

Nauvoo sera conservé comme point de débarquement sur le Mississipi, comme séjour d'acclimatation, comme apprentissage et noviciat où les émigrants seront reçus provisoirement pour s'y essayer à la vie commune ; et d'où après leur admission définitive, ils partiront pour la Commune Icarienne.

Jetons maintenant un rapide coup d'œil sur le système Icarien, ou la doctrine Icarienne.

CHAPITRE II.

IDÉE GÉNÉRALE DU SYSTÈME ICARIEN.

DOCTRINE OU PRINCIPE.

Nature. — Dieu. —Nous, Communistes Icariens, nous ne pouvons croire que l'Univers soit l'effet du *hasard,* et nous aimons à admettre une *Cause première* souverainement intelligente et prévoyante, qu'on appelle *Créateur, Être suprême, Dieu, Nature, Providence.*

Nous croyons inutile et dangereux de s'obstiner à découvrir l'origine, la forme, l'essence de cette Cause première: *inutile* parce que nous sommes convaincus que c'est là un *mystère* et que l'intelligence humaine n'a pas les sens, ou les organes, ou les facultés nécessaires pour percer ce mystère; *dangereux*, parce que l'examen de ces questions conduit à des discussions qui dégénèrent presque toujours en disputes, en divisions et même en haines.

Dieu, Perfection. — Mais nous considérons *Dieu* comme la *supériorité* et la *toute-puissance,* comme l'*infini* et la *perfection* en tout.

Dieu, Père du Genre Humain. — nous aimons à considérer Dieu comme *Père* du Genre Humain, comme *amour, bonté, justice, indulgence;* nous imaginons qu'il est le Père le plus parfait, le plus juste, le plus tendre; que ce meilleur des pères n'a que de l'amour pour ses enfants, et qu'il les aime tous également.

DESTINÉE DE L'HUMANITÉ; BONHEUR. — Nous aimons à admettre que Dieu, le plus parfait des pères, a voulu le *bonheur* de ses enfants sur la terre. Nous voyons qu'il a tout prodigué (l'air, la chaleur, la lumière, l'eau, la terre, avec ses métaux, ses fruits et ses animaux) pour les rendre heureux, en satis-faisant à tous leurs besoins (nourriture, logement, vêtement, défense, etc., etc.); et nous croyons que *l'instinct, l'intelli-gence* et la *raison* qu'il leur a donnés, suffisent, avec ses autres dons, pour assurer la félicité du Genre Humain.

MAL, MALHEUR. — Cependant, l'histoire de tous les Peu-ples, dans tous les temps, nous montre le *mal* partout; la *misère* de la masse à côté de l'opulence d'une faible minorité; des *vices* et des *crimes* nés de l'opulence comme de la misère; l'ignorance et l'oppression; l'exploitation des Pauvres par les Riches; le désespoir et les insurrections des Pauvres menaçant continuellement les Riches et troublant leur sécurité; les mas-sacres et les supplices; les révolutions et les réactions, ame-nant sans cesse de nouveaux désespoirs, de nouvelles insur-rections et de nouvelles calamités. En un mot, nous voyons l'Homme malheureux presque partout et toujours.

Mais nous ne pouvons croire que ce soit là la destinée de l'Humanité; nous ne pouvons croire que le *mal* soit sans *remède*; car l'Homme est essentiellement sociable, intelligent et perfectible.

SOCIABILITÉ. BONTÉ NATURELLE. — L'Homme est *sociable,* par conséquent attiré vers son semblable, sympathique, com-patissant, affectueux, naturellement bon.

INTELLIGENCE. — L'Homme est éminemment intelligent.

Perfectibilité. — L'Homme est évidemment perfectible par l'expérience et par l'éducation.

Mais quel est le *remède* au mal? et d'abord quelle en est la *cause* ?

Cause du mal. — Nous voyons cette cause dans une *mauvaise organisation sociale* et politique, résultat de l'ignorance, de l'inexpérience et de l'erreur du Genre Humain à sa naissance.

Remède. — Nous croyons que le remède doit être dans une *meilleure organisation sociale* et politique.

BASES D'UNE MEILLEURE ORGANISATION SOCIALE.

Nous croyons que cette meilleure organisation sociale doit avoir pour bases les principes contraires à ceux qui sont la cause du mal ; c'est-à-dire la *Fraternité*, *l'Égalité*, la *Solidarité* ; la suppression de la misère et de la propriété individuelle, en un mot le *Communisme*. Pour nous, le remède est dans l'association fraternelle et égalitaire que nous appelons la *Communauté*.

Communauté. — La Communauté est une grande association ou une grande société universelle, organisée et basée sur le principe de la *Fraternité* humaine avec toutes ses conséquences, dans laquelle les associés consentent à mettre en commun tous leurs biens, toutes leurs facultés et tout leur travail, pour produire et jouir en commun.

Société. — C'est une *Société* véritable dans laquelle il n'y a pas d'exploiteurs et d'exploités, mais de véritables associés, tous frères et égaux.

C'est une Société *organisée* qui doit présenter en tout l'organisation et l'ordre, l'intelligence et la raison.

Fraternité. — La Fraternité est pour nous le principe essentiel, radical ou fondamental, générateur de tous les autres principes, et qui les renferme nécessairement tous en lui seul.

Cette *Fraternité* est elle-même la conséquence de cet autre principe énoncé en commençant, que l'Être suprême ou Dieu est le Père de tous les hommes; d'où il suit que tous les hommes sont ses enfants, que tous sont des frères, et que le Genre Humain ne forme qu'une famille dont tous les membres doivent s'aimer et se dévouer réciproquement dans leur intérêt et pour leur bien commun, comme nous concevons que doivent le faire les frères les plus parfaits.

Pour nous, les conséquences de la Fraternité sont la Solidarité, l'Unité, l'Égalité, la Liberté, la suppression de la propr é individuelle et de la monnaie, le perfectionnement de l'Éducation, la purification du mariage et de la famille et l'Organisation du travail.

Ce principe de la *Fraternité* est un principe à la fois philosophique et religieux, social et politique.

A nos yeux, c'est l'idée la plus avancée et la plus féconde; c'est le principe de l'Évangile et du Christianisme, en sorte que nous croyons pouvoir dire dès à présent, que notre Communisme Icarien est la morale la plus pure, la Philosophie la plus douce et la Religion la plus sublime, puisqu'il n'est rien autre chose que le *Christianisme* dans sa pureté primitive, tel que l'a institué *Jésus-Christ*.

LE COMMUNISME ICARIEN C'EST LE VRAI CHRISTIANISME.

Jésus-Christ est venu apporter une *loi nouvelle*, un nouveau principe social, un nouveau système d'organisation pour la Société, qu'il appelait le *Règne ou le Royaume de Dieu*, la *Cité nouvelle*.

Pour lui, Dieu était *esprit, amour, vie, Père* de l'Humanité. Il s'appelait lui-même tantôt *fils de Dieu*, tantôt *fils de l'Homme, frère* des autres hommes, surtout des Pauvres, des

Opprimés et des Malheureux. Il répétait sans cesse que tous les hommes sont fils de Dieu et frères.

Il se bornait à deux principes ou deux commandements généraux et principaux ; le premier , *aime Dieu* (qui est l'esprit, l'amour, la vie, la justice , la bonté, la toute-puissance, l'infini , la perfection en tout, etc.), et le deuxième, *aime ton prochain ou ton frère comme toi-même ;* et il ajoutait que ces deux commandements se confondaient pour n'en faire qu'un seul , et que c'était là *toute la loi et les prophètes.* Son grand principe social était donc la *Fraternité* des hommes et des Peuples , et il disait : aime pour être aimé , secours pour être secouru. Il adoptait ces maximes philosophiques : « Ne » fais pas à autrui ce que tu ne voudrais pas qu'il te fît ; fais » aux autres ce que tu voudrais qu'ils te fissent, »

Comme principes secondaires, il proclamait l'Association , l'Égalité, la Liberté, l'Unité, le Progrès et le Perfectionnement indéfini.

Il combattait surtout la MISÈRE ; et, pour la supprimer, il recommandait la *Communauté* de biens , en déclarant que l'opulence empêchait d'entrer dans le royaume de Dieu.

Ses Apôtres, les Pères de l'Eglise et les premiers Chrétiens, pratiquèrent la Communauté ; et si, au lieu de faire des Communautés d'hommes seulement ou de femmes seulement , ils avaient fait des Communautés d'hommes et de femmes avec le mariage et la famille , des Communautés agricoles et industrielles , la Communauté serait aujourd'hui établie sur toute la terre.

Depuis, les Barbares ont envahi l'empire Chrétien, et y ont établi la propriété individuelle de la terre et des hommes par la conquête ; mais le servage ou l'esclavage et la propriété féodale ont cessé ; le progrès a marché avec les Révolutions et les réformes ; la bourgeoisie s'est émancipée ; les Communes se sont formées ou affranchies ; les Communautés et les corporations se sont organisées partout ; le prolétaire a reconquis sa liberté ; la Révolution française a proclamé de nouveau la Fraternité, l'Égalité et la Liberté ; tout cela par l'influence de l'Évangile et du Christianisme : Et nous, Communistes Icariens, nous nous dévouons à continuer le progrès en continuant à réaliser la doctrine de Jésus-Christ.

LES ICARIENS SONT DE VRAIS CHRÉTIENS. — Notre Communisme Icarien est donc le vrai Christianisme ; nous sommes de *vrais Chrétiens*, les disciples de Jésus-Christ ; c'est son Évangile qui est notre Code, et c'est sa doctrine qui est notre guide.

DÉMOCRATIE, RÉPUBLIQUE. — Et comme nous voulons que son principe fondamental la *Fraternité*, avec ses conséquences l'Égalité et la Liberté, soit le principe et l'âme de toutes les lois, de toutes les institutions et de tous les usages dans la Communauté, nous pouvons dire aussi que notre Communauté est la réalisation de la *Démocratie* et de la *République*.

Et pour terminer ces premières idées générales, nous ajouterons quelques mots sur la *misère* et sur l'établissement de la Communauté par le *consentement volontaire et libre* des individus.

MISÈRE. — Toute l'Antiquité (1), même avant Jésus-Christ, criait continuellement contre la *misère* de la masse et contre l'opulence de quelques-uns, qui l'engendre nécessairement.

L'extinction de la misère est l'objet le plus habituel de la sollicitude de Jésus-Christ, qui, pour la supprimer, établissait la Communauté des biens.

Les Pères de l'Eglise voulaient, à son exemple, supprimer la *misère* en établissant la Communauté. Saint-Jean-Chrysostôme, patriarche ou pape de Constantinople, disait :

« C'est une chose moins horrible d'être mordu par un possédé, que d'être tourmenté par la *pauvreté* ; une morsure est passagère et se guérit ; tandis que la pauvreté, plus

____

(1) V. Mon *Vrai Christianisme*, 2ᵉ part. chap. 33, p. 177 à 183.

» cruelle qu'une bête féroce et plus ardente qu'une fournaise,
» vous déchire et vous brûle sans relâche. »

ÉTABLISSEMENT DE LA COMMUNAUTÉ PAR LE CONSENTE-
MENT LIBRE ET VOLONTAIRE. — Mais Jésus-Christ, ses Apôtres, les Pères de l'Eglise et même les Philosophes, ne demandaient, pour établir la Communauté, ni la spoliation par la
force ni le partage de la terre par suite d'une loi agraire, mais
le consentement libre et volontaire des propriétaires ; et nous,
Communistes Icariens, nous demandons le même consentement, la même volonté, la même liberté.

Encore une fois, notre Communisme Icarien n'est rien autre
chose que le Christianisme dans sa pureté primitive.

CHAPITRE III.

ORGANISATION SOCIALE ICARIENNE.

Dans le système Icarien, la Colonie ou l'État ou la Nation,
forme une véritable Société.

Cette Société est parfaitement volontaire et libre, c'est-à-dire
qu'elle ne s'impose à personne, et qu'elle ne force (et ne peut
même forcer) personne à y entrer ; elle ne comprend que ceux
qui, volontairement, librement, en parfaite connaissance de
cause, consentent à en faire partie ; et même elle n'admet que
ceux qui connaissent bien, et qui adoptent complètement ses
principes et ses conditions, et qui réunissent les qualités nécessaires.

Cette Société fait son contrat social ou sa constitution et ses
lois.

Elle détermine son organisation sociale et politique, ins-
titue ses fonctions publiques et choisit ses fonctionnaires.

Elle prend tous les moyens de prévenir la misère ou la
pauvreté, l'ignorance ou la superstition, et d'assurer l'abon-

dance et le Bien-être, l'Éducation et l'Égalité, l'Ordre et la Liberté.

Son organisation a pour *principe fondamental* et générateur la *Fraternité*.

Et tout de suite, nous pouvons dire ou répéter que c'est la Morale la plus pure, la Philosophie la plus douce et la Religion la plus sublime.

C'est aussi une Société de *secours mutuels*, une *assurance universelle*, une véritable famille, dont tous les membres s'adoptent pour frères, et s'engagent à pratiquer les principes de la Fraternité.

Chacun y travaille *pour tous*, et tous y travaillent *pour chacun*.

Elle a pour principes secondaires l'Égalité, la Solidarité, la Communauté, l'Unité, qui sont des conséquences nécessaires de la Fraternité.

C'est un mélange de Communisme et d'individualisme : le logement, par exemple, est individuel, chacun ayant un logement pour soi, pour sa femme et sa famille ; mais la propriété, au lieu d'être individuelle ou personnelle est sociale, indivise, et commune ou publique, ou nationale.

Profondément convaincus par l'expérience qu'il ne peut y avoir de bonheur que par l'*association fraternelle* et par l'*Égalité*, les Icariens veulent donc former ensemble une *Société* fondée sur la base de l'*Égalité* la plus complète et la plus parfaite. Tous doivent être *Associés, Citoyens, Égaux en droits et en devoirs*, sans aucune espèce de privilége pour personne ; tous doivent partager également les *charges* de l'association, chacun suivant sa *force* et les *bénéfices* de la Société, chacun suivant ses *besoins*.

Tous ne doivent former aussi qu'une seule *famille*, dont tous les membres sont unis par les liens de la Fraternité.

Ils doivent donc former un *Peuple* ou une *Nation* de

frères ; et toutes leurs lois doivent avoir pour but d'établir entre eux l'*Égalité*, dans tous les cas où cette égalité n'est pas matériellement impossible.

De même qu'ils ne forment qu'une seule Société, une seule Famille, un seul Peuple, leur *territoire*, avec toutes ses richesses souterraines et toutes ses productions et constructions supérieures, ne forme qu'un *seul domaine*, qui est *social* ou *national ;* ce qui facilite d'immenses économies et la perfection dans l'exploitation, ce qui assure une augmentation indéfinie dans la production, l'abondance et le bien-être.

Tous les biens meubles des associés avec tous les produits de la terre, de l'agriculture et de l'industrie, ne forment qu'un SEUL CAPITAL qui, comme le domaine, est *social* ou *national ;* ce qui met une grande puissance à la disposition de la Société, et lui donne le moyen de produire l'abondance pour tous.

Ainsi, le seul fait de l'association, en mettant tout en commun, a d'innombrables avantages qu'aucun autre système social ne peut procurer.

La Communauté rend l'administration de la Société et l'exploitation agricole et industrielle extrêmement faciles et productives, en réalisant d'énormes économies, en augmentant prodigieusement la production, en créant l'abondance et le bien-être pour tous sans exception.

Ce domaine et ce capital appartiennent indivisément au Peuple, qui les cultive et les exploite en commun, qui les administre par lui-même ou par ses mandataires, et qui se fait distribuer également tous les produits agricoles et industriels.

Tous les Icariens étant Associés et Égaux, tous doivent travailler ; et comme ils ont le même intérêt, toute leur intelligence s'exerce à trouver les moyens et surtout des machines qui peuvent rendre le travail facile, court, sans dégoût, sans fatigue et sans danger, même agréable et attrayant.

Les instruments de travail et les matières à travailler sont fournis sur le capital social, comme tous les produits de l'agriculture et de l'industrie sont recueillis et déposés dans des magasins publics.

Tous les Associés sont nourris, vêtus, logés et meublés avec le capital social ; tous le sont également bien, suivant le sexe, l'âge, etc. ; et tous ont intérêt à ce qu'on adopte successivement toutes les améliorations possibles.

Ainsi, c'est la Société (ou la Famille ou le Peuple) qui seule est *propriétaire* de tout ; qui distribue et organise ses travailleurs ou ses concitoyens ; qui fait construire ses ateliers et ses magasins ; et qui procure les outils et les matières premières. C'est elle aussi qui fait cultiver la terre ; construire les maisons, etc. ; fabriquer tous les objets nécessaires pour la nourriture, le vêtement, le logement et l'ameublement ; c'est elle enfin qui nourrit, vêt, loge et meuble chaque famille et chaque citoyen. Et elle n'admet que les industries nécessaires ou utiles, en écartant les industries nuisibles ou seulement inutiles ; elle fait fabriquer chaque chose en masse, dans de grandes manufactures pour tous les associés.

La Société Icarienne, fondée sur le travail, a aussi pour base l'*ordre* et l'*organisation* en tout.

Elle est encore fondée sur l'*Éducation*, sur le *Mariage* et la *Famille*.

L'*Éducation* étant considérée comme la base et le fondement de la société, la République Icarienne s'engage à la fournir à tous ses enfants et la leur fournit également, comme elle leur donne à tous également la nourriture, etc : tous les enfants, les filles comme les garçons, reçoivent la même instruction générale et élémentaire ; tandis que chacun reçoit en outre l'instruction professionnelle convenable à la profession qu'il choisit ; et toute cette éducation a pour objet de former d'excellents ouvriers, des savants utiles, d'excellents parents, d'excellents citoyens et de véritables hommes.

L'union conjugale et la *famille* étant la principale condition du bonheur pour l'homme, pour la femme surtout et pour les enfants, l'organisation sociale prépare tout pour que tous les Icariens puissent se marier et avoir une famille. C'est dans ce but que la dot est supprimée, que la jeune fille reçoit la même éducation que le jeune homme, et que la République se charge de nourrir, etc., et élever les enfants.

Toutes les précautions sont prises pour que le mariage assure le bonheur des époux. Cependant, si la vie commune devient insupportable à l'un d'eux, le divorce est permis; mais tout est disposé pour rendre ce remède inutile.

Tous les Icariens pouvant se marier sans que rien ne s'oppose à leur mariage, la règle générale est que tous doivent le faire, parce que le mariage et la famille sont la meilleure garantie de l'ordre et de la paix dans la société, comme du bonheur pour les hommes, les femmes et les enfants.

Dans la République Icarienne, les *femmes* ont les mêmes droits sociaux que les hommes; et les Icariens en masse considèrent comme leur premier intérêt et leur premier devoir d'assurer le bonheur des *femmes*.

C'est également l'intérêt et le devoir de tous les Icariens, et de toutes les Icariennes de protéger tous les *enfants*, de soigner tous les *malades* et les *infirmes*; de ménager et respecter tous les *vieillards*.

Toute l'organisation sociale est disposée pour supprimer autant que possible, les causes des *maladies* (principalement la misère, le travail exténuant ou dangereux et la débauche), pour fortifier la santé et pour *perfectionner* indéfiniment l'espèce humaine.

L'hygiène y est employée préférablement à la médecine.

Le médecin, etc., est un fonctionnaire public ou un travailleur, intéressé au progrès de la santé publique.

L'une des principales règles du système Icarien, c'est qu'il faut d'abord, en tout, chercher le *nécessaire*, puis ensuite l'*utile*, et ne s'occuper de l'*agréable* qu'en dernier lieu ; mais c'est la règle aussi qu'il faut chercher l'agréable indéfiniment sans autre borne que la raison et l'égalité dans la jouissance pour tous.

Le système Icarien admet donc les *beaux-arts*, le *progrès* continu, la tendance perpétuelle vers la perfection en tout.

Les opinions *religieuses* seront libres et tolérées en Icarie, comme les opinions sur toutes les autres matières.

Cependant les Icariens adoptent le *Vrai Christianisme*, dans sa pureté primitive, avec son principe de Fraternité, d'Égalité, de Liberté, d'Association et de Communauté.

Quant au *culte* extérieur et public, il sera simple, sans images, dégagé de toutes cérémonies et pratiques superstitieuses, principalement consacré à l'admiration de l'Univers, à la reconnaisance envers l'Être-suprême, à l'instruction sur les devoirs sociaux et à la pratique de la Fraternité.

Il n'y aura point de clergé formant un corps sacerdotal.

Nous pouvons même répéter que notre Communisme Icarien n'est rien autre chose que le *Christianisme*, tel que l'a institué Jésus-Christ.

Nous le répétons, les Icariens sont de *vrais chrétiens*, les disciples, les imitateurs et les ouvriers de Jésus-Christ, appliquant son Évangile et sa Doctrine, travaillant à réaliser son Royaume de Dieu, sa Cité nouvelle et son Paradis sur la terre.

AVANTAGES DE LA COMMUNAUTÉ ICARIENNE.

Nous le répétons aussi, notre Communauté est parfaitement volontaire ; et tout notre système Icarien, la mise en commun de la terre et de tous les capitaux, le développement de l'intelligence et de l'activité par l'instruction et l'éducation, la suppression du travail inutile, l'emploi de toutes les capacités et de tous les bras, l'organisation du travail, les machines multipliées à l'infini, réalisent de si grandes économies et augmentent tellement la production agricole et industrielle qu'ils assurent l'*abondance* et le *bien-être* pour tous, en éloignant à la fois la misère et l'opulence qui sont la source de presque tous les désordres.

A son tour le bien-être, joint à la Fraternité, à l'Education, au travail et à la suppression du célibat, doit généralement couper la racine à tous les vices et à tous les crimes.

CHAPITRE IV.

ORGANISATION POLITIQUE ICARIENNE.

DE LA COMMUNAUTÉ.

Puisque les Icariens sont tous frères, tous associés, tous égaux en droits, ils sont tous membres de l'Assemblée populaire; ils prennent tous également part à la discussion, au règlement et à l'administration de leurs affaires communes ou publiques.

Tous sont membres du Peuple et de la force publique ou de la garde civique ou nationale et du Jury.

Ils font par eux-mêmes et directement tout ce qu'ils peuvent faire ainsi, et ne nomment des mandataires ou des fonctionnaires que quand ils deviennent nécessaires.

Tous les fonctionnaires sont établis dans l'intérêt du Peuple; tous sont des mandataires et des serviteurs ; tous sont électifs, temporaires, responsables et révocables.

Le gouvernement est une *Démocratie* radicale et pure.

C'est une *République* démocratique.

Elle est basée non seulement sur la Fraternité et sur l'Egalité, mais encore sur la Souveraineté du Peuple, sur le Suffrage universel, sur la Liberté et sur le respect des lois.

L'État n'est pas un monarque, ni une famille, ni une oligarchie, ni une aristocratie ; c'est le Peuple.

Le Peuple étant Souverain, c'est à lui qu'appartient le droit de faire ou d'accepter et de réviser son organisation sociale, sa constitution et ses lois.

Il règle tout ce qui concerne sa personne, ses actions, ses biens, sa nourriture, son vêtement, son logement, son éducation, son travail et même ses plaisirs.

Chaque citoyen exerce sa part de souveraineté par son vote et par son droit d'initiative ou de proposition, par son droit d'électorat et d'éligibilité.

Pour que le droit d'initiative et de proposition puisse s'exercer plus réellement et plus utilement, le Peuple est divisé en Comités entre lesquels sont distribuées toutes les différentes branches des affaires publiques, en sorte que chaque Comité s'occupe plus spécialement des propositions à faire sur le genre de questions spécialement confiées à ce Comité.

Tout est disposé pour que chacun puisse aisément exercer tous ses droits.

Tout est également disposé pour que chacun soit parfaitement indépendant des autres, et pour qu'il puisse exercer ses droits en parfaite connaissance de cause.

Un journal, rédigé par des fonctionnaires, distribué gratuitement à tous les citoyens, leur fait connaître tous les faits qui les intéressent et dont la connaissance leur est nécessaire.

Tant que le Peuple peut se réunir en une seule Assemblée, il exerce lui-même et directement le pouvoir législatif ; et quand son trop grand nombre le met dans l'impossibilité matérielle de se réunir ainsi, il délègue à des députés élus par lui, temporaires, responsables et révocables le pouvoir de préparer ou rédiger des projets de lois, en se réservant le droit de les accepter ou de les rejeter dans ses Assemblées populaires.

Dans tous les cas, le pouvoir exécutif, chargé d'exécuter les lois, est essentiellement subordonné au pouvoir législatif et sans puissance pour l'entraver.

CHAPITRE V.

COMMUNE ICARIENNE,

La *Commune* Icarienne est l'élément de l'*État* Icarien, composé de beaucoup de Communes.

C'est une petite *République* démocratique.

La population ne doit pas excéder le nombre de citoyens qui peuvent se réunir dans une seule Assemblée, environ 1,000 à 1,200, avec leurs femmes et leurs enfants, environ 4 à 5,000 âmes.

Son *territoire* doit être assez étendu : 1° pour l'emplacement des habitations particulières, des ateliers, des magasins et des établissements ou édifices publics ; 2° pour l'agriculture nécessaire à la nourriture et aux autres besoins de la population.

La Commune Icarienne n'est pas construite irrégulièrement, au hasard, suivant le caprice de chacun, mais d'après un *plan général* tracé, discuté et adopté, combiné d'après les localités, indiquant les places, les rues, les habitations, les ateliers, magasins, édifices publics, promenades, etc., etc.

Tous les édifices, logements particuliers, ateliers, magasins, monuments publics, seront aussi construits sur des *plans particuliers* discutés et adoptés.

Chaque *habitation* sera construite *pour une famille*, puisque tout le monde doit se marier ; et cette habitation, simple d'abord, doit être aussi commode, aussi complète et aussi agréable que possible, avec un petit *jardin* pour de la verdure et des fleurs.

Ces habitations n'ont ni ateliers, ni boutiques, ni magasins, ni écuries, parce que tout le travail se fait dans de grands ateliers communs, tous les produits sont déposés dans de grands magasins publics, tous les chevaux sont renfermés dans une ou plusieurs vastes écuries communales.

Tous les ateliers sont *placés* le plus convenablement possible sous tous les rapports, même sous celui de l'agrément et du point de vue.

Les ateliers *insalubres* ou malpropres sont placés loin des habitations.

Tout se fabrique en masse pour tous les citoyens.

Chaque fabrication et chaque production est réglée sur la consommation, indiquée par les *statistiques* nécessaires.

Les travailleurs se distribuent suivant les besoins de chaque fabrication.

Chaque atelier *élit* sa direction.

Il y a une grande boulangerie; — une grande boucherie; — une ou plusieurs grandes cuisines, et un ou plusieurs grands restaurants pour les repas communs; — une grande buanderie avec son lavoir et son séchoir.

Il y a une école pour tous les enfants, avec sa gymnastique; — un musée; — une infirmerie, avec sa pharmacie et ses bains pour tous les malades; — une bibliothèque; — une imprimerie; — un ou plusieurs théâtres; — des jeux publics; — une maison commune ou hôtel de ville, pour les Assemblées populaires, pour les administrations, pour les réunions, discours, les bals, les concerts; — un temple, etc., etc.

Dès que la chose sera possible, il y aura un seul ou plusieurs grands *réservoirs* pour distribuer dans tous les bâtiments la lumière, la chaleur et l'eau, de manière que chaque famille puisse avoir son *bain* particulier. — Chacune aura aussi sa petite *pharmacie*, fournie gratuitement par la grande pharmacie communale.

Dès que la chose sera possible encore, la Commune fera

distribuer à chaque famille les petites *provisions* nécessaires pour le déjeuner et pour la collation du soir ; le grand repas du jour après le travail devant rester commun par principe de fraternité, d'économie et d'agrément.

Dès que la chose sera possible aussi, chaque atelier aura son *vestiaire* où seront déposés les habits de travail, pour être pris par les travailleurs en entrant et remis en sortant, afin que les citoyens soient toujours proprement vêtus hors de l'atelier.

Les ateliers et les magasins étant placés au dehors, les rues ne seront ni fatiguées, ni malpropres, et leur *pavage* pourra être aussi élégant que propre et léger.

Dans la Commune Icarienne, tout le territoire est communal, ou commun, ou social, appartenant indivisément à tous les membres de la Commune, administré, exploité, cultivé, récolté, par tous en commun et dans l'intérêt de tous, en sorte que tous ont également l'aisance et le bien-être.

Pour réaliser toutes les économies, toute la production et toute l'abondance possibles, ce territoire est considéré comme un seul *Domaine*, qui ne forme qu'une seule exploitation agricole, dirigée d'après un seul plan pour les diverses cultures, pour le jardinage, pour les fruits, pour les bois, pour les pâturages et les grands troupeaux de bestiaux nécessaires, pour les irrigations et les chemins, pour la distribution des cultivateurs, pour les ateliers, les instruments, les machines, les magasins et même pour l'agrément du paysage.

Et comme tous les membres de la Commune sont également intéressés à la perfection dans l'agriculture, tous discutent et décident ensemble toutes les questions qui concernent le territoire et l'agriculture comme l'industrie.

On devine aisément tous les avantages qui résultent de la Communauté : nous en avons même indiqué les principaux (page 35).

Et voyez que de mal elle supprime !

CHAPITRE VI.

MAL SUPPRIMÉ PAR LA COMMUNAUTÉ.

Le seul fait de la mise des biens en commun, ou de la suppression de la propriété individuelle, ou de l'existence de la Communauté, entraîne nécessairement la suppression : — des successions et des partages ; — de la vente et de l'achat ; — de la monnaie pour l'intérieur ; du prêt à intérêts et de l'usure ; — de la Banque, du crédit et de l'escompte ; — du commerce intérieur et de la boutique ; — des dettes, des lettres de change et des billets à ordre ; — de la Bourse et de l'agiotage ; — de la concurrence, des monopoles et des accaparements ; — des faillites ; — des partages ; des procès, des saisies, des contraintes par corps ; — des tribunaux civils et de commerce ; — des juges, avocats, avoués, agréés, huissiers, notaires, agents de changes, etc.

La suppression de la monnaie, de la vente et du commerce, jointe au bien-être pour tous, entraîne la suppression : — du vol et de la fraude sous toutes les formes, et de presque tous les autres crimes ; — des tribunaux criminels, des prisons, etc., des geôliers, etc. ; — de la police et des gendarmes, etc.

L'organisation du travail supprime : — le chômage et les grèves ; le livret ; — les travaux dégoûtants, exténuants, périlleux ; — les fabrications excessives, inutiles, de luxe, nuisibles ; — l'oisiveté.

La suppression du travail inutile, l'emploi de tous les bras, la perfection de l'éducation professionnelle, l'emploi des machines multipliées à l'infini, l'organisation et la concentration, réaliseront tant d'économies et augmenteront tellement la production et l'abondance, qu'ils entraîneront la suppression : — de la misère et de l'opulence ; — du paupérisme, du prolétariat, de la mendicité, du vagabondage ; — de tous les impôts (timbre, enregistrement, octroi, douane , passe-port , etc., etc.) autres que le travail.

Le mariage pour tous entraîne la suppression :— des désordres et des scandales dans les familles ; — de beaucoup de crimes ; — de la débauche et de la prostitution.

Plus de domesticité ; — plus de salariat ; plus de loterie ; — plus de maison de jeux et de débauche ; — plus de cabarets.

Beaucoup de maladies supprimées. — Immense et rapide amélioration de l'Espèce Humaine.

CHAPITRE VII.

EXCELLENCE DE LA COMMUNAUTÉ.

Ainsi, la Communauté est le plus *complet* de tous les systèmes Socialistes : il résout toutes les questions, tandis que presque tous les autres systèmes ne sont que *partiels*, et ne remédient qu'à une partie du mal.

Quoique le plus complet, c'est aussi le plus *simple*, parce qu'il forme partout l'unité, notamment pour la production, la distribution et la consommation.

C'est encore le plus *facile* à réaliser, parce qu'il perfectionne tout à la fois, parce qu'il concilie tous les intérêts, parce qu'il ne ruine personne, parce qu'il garantit toutes les existences, parce qu'il produit la plus grande puissance pour procurer le bien-être à tous.

La Société actuelle renferme évidemment déjà d'innombrables institutions Communistes ; pour organiser la Communauté, il suffit d'en augmenter encore le nombre. Il n'est pas même nécessaire que tout absolument soit commun : il faut conserver l'individualisme partout où il est préférable, dans le logement par exemple, en sorte qu'il faut, sur toutes les questions, consulter la raison et l'utilité pour décider ce qui doit être individuel et ce qui doit être commun. La Communauté est alors une Association mélangée d'individualisme et de Communisme, dans laquelle le Communisme domine et dans laquelle notamment la propriété est commune.

Le caractère de propriété commune, ou sociale, ou nationale, n'est pas même une nouveauté ; car la société actuelle reconnaît déjà un très grand nombre de propriétés nationales, ou communales ou sociales, appartenant indivisément à des familles ou à des associations volontaires qui mettent leurs biens en commun, etc. , etc. Il suffit d'augmenter au lieu de diminuer le nombre de ces propriétés communes.

CHAPITRE VIII.

CONSTITUTION ICARIENNE. — LOIS.

Le citoyen Cabet, auteur du *Voyage en Icarie* et fondateur du système social et politique de la Communauté Icarienne, a consenti à faire, avec tous les Icariens qui seraient admis par lui, l'expérience de son système, et à s'expatrier pour essayer une Colonie Icarienne en Amérique, à condition qu'il serait, pendant dix ans, Gérant ou Directeur unique et absolu de l'expérience afin de pouvoir la diriger d'après sa doctrine et ses idées, pour réunir toutes les chances de succès possibles.

Un engagement, un contrat est donc intervenu librement et volontairement entre lui et les Icariens, et ce contrat, vraiment sacré, a été exécuté jusqu'en 1850 d'une part par le Cit. Cabet, qui a consacré son existence à l'Émigration et à la Colonie, et d'autre part, par les Icariens qui l'ont suivi à Nauvoo ; et tous étaient bien résolus à continuer de l'exécuter tant qu'il ne serait pas modifié par une convention réciproque

ment consentie. Ce Contrat qui a été le premier acte consti-
tutif de la Communauté Icarienne, fut proposé par le Cit.
Cabet au mois de septembre 1847, cinq mois avant le départ
de la première Avant-Garde; puis soumis de nouveau en
novembre 1849, aux Membres de la Colonie réunis à Nauvoo
en Assemblée générale qui le discutent pendant plusieurs
séances et l'adoptent à l'unanimité. Voici ce contrat:

CONTRAT SOCIAL OU ACTE DE SOCIÉTÉ

DE LA

COMMUNAUTÉ ICARIENNE.

Art 1er. — Les soussignés confirment la Société consentie
et tous les engagements contractés en France.

Art. 2. — En conséquence, ils déclarent qu'ils ont formé,
et qu'ils forment une grande Association, ou Société universelle ou communauté de biens, organisée sur la base de la
Fraternité. Les associés s'adoptent pour frères et sœurs.

Art. 3. — Le but de l'Association est de vivre et travailler
en commun, de défricher et cultiver la terre, de construire
des habitations, d'exercer toutes les industries utiles, de procurer le bien-être à tous les associés, et surtout de se dévouer
à l'intérêt de l'humanité tout entière, en essayant de prouver,
par l'expérience, que la Communauté icarienne est réalisable, et qu'elle est le système d'organisation sociale le plus
capable d'assurer le bonheur de tous et de chacun.

Art. 4. — Le nombre des associés est illimité. Les étrangers de toutes les nations peuvent être admis, lorsqu'ils
adoptent complètement la doctrine icarienne.

Art. 5. — Le capital social se compose de tous les capitaux
de tous les associés. Chacun apporte dans la Société tout ce
qui lui appartient, sans aucune exception, tout son argent, ses

vêtements, ses outils, ses instruments, ses livres, ses armes, ses bijoux, ses créances et ses autres biens, meubles et immeubles de toute espèce, présents et à venir.

Art. 6. — Le capital social est indivis et commun. Chaque associé renonce à toute propriété personnelle ou individuelle. Il ne peut avoir que la jouissance ou l'usage des choses de la Communauté qui lui sont nécessaires.

Art. 7. — L'égalité étant un des principes de la Communauté, tous les trousseaux doivent être, autant que possible, les mêmes et réglés par la Communauté. Tout ce que chacun a apporté au delà du trousseau légal, doit être démarqué, marqué au signe de la Communauté et confondu dans la masse commune. Si cette disposition n'a pas été rigoureusement exécutée dans le commencement, elle le sera désormais pour tous ceux qui seront admis à l'avenir. Dès aujourd'hui, ceux qui voudraient conserver au delà du trousseau légal, ne pourraient rien demander à la Communauté.

Art. 8. — Les associés reconnaissent que le but de l'Association serait manqué et que tout serait compromis, si, loin de la France, une partie d'entre eux pouvaient quitter brusquement les autres, abandonner les enfants, les veuves, les vieillards, les infirmes et les malades, désorganiser, paralyser et ruiner la Société, en emportant une partie de son capital. En conséquence, la durée de la Société est illimitée. Tous les associés ont pris, et prennent librement et volontairement l'engagement de ne pas quitter la Société sans son consentement, et de n'exiger ni la dissolution, ni la liquidation, ni le partage de la Société. C'est un engagement sacré; car sans cet engagement, personne n'aurait quitté la France pour chercher une autre patrie à deux ou trois mille lieues.

Art. 9. — Si quelqu'un veut se retirer de la Société, il perd tous ses droits, et ne peut rien réclamer, pas même son apport soit en totalité, soit en partie. Il ne peut surtout rien emporter sans le consentement de la Société. Mais s'il se retire pacifiquement et sans hostilité, la Société lui délivre une malle contenant les vêtements et le linge qui se trouvent alors employés à son usage, un matelas, deux paires de draps, une couverture, et les outils de sa profession qu'il prouvera avoir apportés en entrant, et qui lui seront absolument nécessaires, pourvu cependant que la privation de ces outils ne puisse pas entraver la Société.

Art. 10. — Chacun s'engage à travailler suivant sa force et sa capacité dans l'emploi qui lui sera attribué.

Art. 11. — Tous les associés sont nourris, vêtus et logés par la Société. Tous le sont également bien, suivant leurs besoins et les ressources de la Société, sans aucun privilége pour personne.

Art. 12. — La Communauté s'engage spécialement à soigner et à protéger les enfants, les vieillards, les infirmes et les malades. Il y a des *écoles* où les enfants sont élevés et instruits en commun. Il y a des *infirmeries* et une *pharmacie* pour les malades. Les associés se soignent réciproquement dans leurs maladies, quand il est nécessaire.

Art. 13. — Aussitôt que la Communauté sera définitivement établie et organisée, son gouvernement sera la Démocratie pure et la République. Mais pendant l'époque de préparation, l'administration, la direction et le gouvernement de la Société ont été et sont confiés temporairement à un directeur-gérant qui représente la Communauté.

Art. 14. — M. Cabet, fondateur de la Communauté icarienne, a été élu directeur-gérant jusqu'au premier septembre mil huit cent cinquante-sept.

Art. 15. — Il fait tous les règlements qu'il juge nécessaires pour organiser l'ordre, l'économie, le travail, la production, la pratique de la Fraternité et la réalisation de la Communauté. Chaque associé s'est engagé et s'engage à exécuter ces règlements sans résistance et sans murmure.

Art. 16. Il consulte l'Assemblée générale toutes les fois

qu'il le juge utile ; et prend tous les moyens de préparer et
d'habituer les Icariens à la pratique de la Démocratie.

Art. 17. Chaque associé doit exécuter les décisions de
l'Assemblée générale ou de la majorité, comme celles du
Directeur-Gérant.

Art. 18. Tout associé qui violerait les principes de la
Communauté Icarienne, ou les dispositions du présent contrat social, ou qui méconnaîtrait l'autorité soit du Directeur-
Gérant, soit de l'Assemblée générale, ou qui troublerait la
Société, pourrait être considéré comme voulant quitter celle-ci,
et pourrait être obligé de la quitter en effet sur la demande
du Directeur-Gérant, et sur la délibération de l'Assemblée
générale ; mais l'exclusion ne pourra être prononcée qu'à la
majorité des trois quarts des votants et quand les neuf dixièmes
des associés seront présents. L'exclu qui se retirera sans hostilité pourra obtenir les objets indiqués dans l'art. 9.

Art. 19. A l'avenir, nul ne sera admis dans la Société que
du consentement du Directeur-Gérant et de l'Assemblée générale, et suivant les conditions et le mode qui seront réglés
dans un acte séparé.

Art. 20. La Société sera incessamment régularisée et mo-
difiée conformément aux lois Américaines.

Fait à Nauvoo, le huit Novembre mil huit cent quarante neuf.

Le Cit. Cabet n'aurait fait aucune grave modification, à ce
premier Contrat, s'il l'avait crue dangereuse ou inutile pour
la Colonie et la Communauté.

Mais il crut une modification nécessaire pour mettre le
Contrat social en harmonie avec la loi et l'opinion républicaine
des Américains; il ne vit d'ailleurs aucun inconvénient à profiter de l'expérience acquise pour appliquer les principes
radicalement démocratiques qui devaient toujours un peu plus
tard gouverner la Communauté.

En conséquence, le Ch. Cabet proposa lui-même, en janvier 1850, de remplacer la Gérance unique et absolue pendant dix ans par une Gérance multiple, élective et annuelle, en se soumettant lui-même à la réélection.

Il proposa de modifier le premier Contrat social et de le remplacer par une Constitution, et une loi spéciale sur les admissions à la retraite et l'exclusion.

Cette Constitution, proposée par lui, discutée pendant huit séances, fut votée à l'unanimité le 21 février 1850. Puis, après le *Bill* d'incorporation de la Communauté Icarienne, par la législature de l'Illinois, elle fut révisée, discutée et votée de nouveau, à l'unanimité le 4 mai 1851, ainsi qu'il suit :

CONSTITUTION ICARIENNE.

CHAPITRE PREMIER.

CONSIDÉRATIONS PRÉLIMINAIRES.

La nature a comblé le genre humain de bienfaits. — D'un côté, elle a répandu sur la terre, autour de l'homme, tous les éléments et toutes les productions nécessaires pour le guider dans l'usage de ces éléments et de ces productions. Elle a voulu le bonheur de l'Humanité. Et cependant l'histoire nous montre le genre humain malheureux partout et toujours.

L'homme est naturellement *sociable*, par conséquent sympathique, affectueux et bon. — Et cependant l'histoire nous montre, dans tous les temps et dans tous les pays, des vices et des crimes, l'oppression et la tyrannie, des insurrections excitées par le désespoir et des guerres civiles, des proscriptions et des massacres, des supplices et des tortures.

Mais l'homme est éminemment *perfectible*; par conséquent le *progrès* est une loi de la nature pour l'Humanité, et le mal ne peut être sans remède.

Si le mal avait sa cause dans la vengeance d'un Dieu jaloux et impitoyable qui punirait éternellement sur l'innocente postérité d'un coupable, la désobéissance de celui-ci, arrachée par la tentation d'une irrésistible puissance, il faudrait désespérer du remède et se résigner à souffrir. Mais cette vengeance et cette punition répugnent à toutes nos idées de justice, de bonté, d'amour divin et de perfection; et par conséquent nous devons chercher ailleurs la véritable cause du mal.

Cette cause, nous la trouvons dans une *organisation sociale*, résultant de l'inexpérience, de l'ignorance et de l'erreur du genre humain dans son enfance. Par conséquent, nous vovons le remède dans une *meilleure organisation sociale*, dans une organisation sociale fondée sur un principe supérieur,

Remplaçons l'ancien monde par un monde nouveau, le règne de Satan ou du Mal, par le règne de Dieu ou du Bien; la Mort morale par la Résurrection, la Régénération et la vie; les Ténèbres par la Lumière; la Routine et le Préjugé, par l'Expérience de tous les siècles; l'erreur par la vérité; l'ignorance par l'Instruction et l'Éducation; l'Injustice par la Justice; la Domination et la Servitude par l'affranchissement et la Liberté.

Substituons le bien-être de tous à l'excessive opulence d'une minorité privilégiée qui a presque tout sans travailler, et qui regorge inutilement de superflu, tandis que la masse qui travaille et produit, n'a presque rien, manque du nécessaire, et souffre de l'esclavage de la misère.

Substituons aussi à des Religions mélangées de superstitions, d'intolérance et de fanatisme, une Religion raisonnable qui porte les hommes à s'aimer et à s'entr'aider.

Adoptons une organisation sociale dans laquelle le mot *Société* ne soit pas un mensonge et une dérision, mais une vérité et une réalité, et dans laquelle il n'y ait plus d'antagonisme ni de concurrence, plus d'exploitation de l'homme par l'homme, plus de maîtres ni de domestiques, plus de patrons ni de salariés, plus de prolétariat ni de paupérisme, plus d'oisiveté ni de travail exténuant.

Remplaçons la propriété individuelle, source de tous les abus, par la propriété sociale, commune, indivise, qui n'a aucun des inconvénients de la première et qui est infiniment plus productive pour l'utilité de tous.

Purifions et perfectionnons le Mariage et la Famille par la suppression des dots, par l'éducation de la Femme comme par celle de l'homme, par la liberté dans le choix d'un époux.

En un mot, l'ancienne Société a pour base l'Individualisme : donnons pour bases à la Société nouvelle la Fraternité, l'Égalité et la Liberté, le Communisme ou la Communauté.

CHAPITRE II.

PRINCIPES GÉNÉRAUX.

SECTION PREMIÈRE. — SOCIÉTÉ.

Art. 1. — Les Icariens forment entre eux une véritable *Société*. Ils sont tous *Associés*.

Art. 2 — Ce*tt* Société comprend tous les Icariens qui sont ou seront définitivement admis, avec leurs femmes et leurs enfants.

Art. 3. — Elle est établie dans l'intérêt de ses membres, pour garantir, autant que possible, leurs droits naturels et pour assurer leur bonheur.

Art. 4. — Elle est établie aussi dans l'intérêt de l'Humanité tout entière, par dévouement à celle-ci, pour présenter un système de Société capable de la rendre heureuse, pour prouver, par l'expérience, que la Communauté, basée sur la Fraternité, est réalisable et possible.

Art. 5. — Elle a pour but matériel de défricher et cultiver la terre, de construire des habitations, d'exercer toutes les industries utiles; en un mot, de féconder et civiliser le désert.

Art. 6. — Elle est à la fois agricole et industrielle, civile et politique.

Art. 7. — Le nombre de ses membres est illimité.

Art. 8. — Elle est destinée à devenir une Cité et un État soumis aux lois générales des États-Unis.

Art. 9. — En attendant, elle se soumet aux lois de l'État de l'Illinois.

Art. 10. — Les étrangers de tous les pays peuvent en faire partie lorsqu'ils acceptent complètement la Doctrine Icarienne et remplissent toutes les conditions exigées pour l'admission.

Art. 11. — Les conditions et le mode d'admission sont réglés par une loi particulière.

Art. 12. — Son Capital Social comprend la fortune de tous les Associés. Chacun apporte à la Société tout ce qui lui appartient, sans aucune exception.

Art. 13. — La Société est contractée pour être perpétuelle : cependant l'Associé pourra se retirer ou être exclu, comme il sera expliqué dans la loi spéciale pour l'admission, la retraite et l'expulsion.

Art. 14. — La constitution et les lois sont faites par le Peuple et pour le Peuple.

Art. 15. — Tous les pouvoirs émanent de lui et sont institués dans son intérêt.

Art. 16. — Son Gouvernement est une République Démocratique.

Art. 17. — La Société Icarienne a pour bases et pour principes la *Fraternité* et la *Communauté*.

Art. 18. — Elle prend le titre de Communauté Icarienne.

SECTION II. — FRATERNITÉ.

Art. 19. — La Fraternité des Hommes et des Peuples est le principe fondamental et générateur de la Communauté Icarienne.

Art. 20. — Tous les Icariens se reconnaissent ou s'adoptent pour Frères.

Art. 21. — Ils proclament que leur intérêt est de s'aimer, de s'aider, de se secourir et de se défendre comme des Frères.

Art. 22. — Ce principe se confond avec ce précepte évangélique : « *Aime ton prochain comme toi-même,* » ou avec ce précepte philosophique : « *Ne fais pas à autrui ce que tu ne voudrais pas qu'il te fît ; au contraire, fais aux autres ce que tu voudrais qu'ils te fissent.* »

Art. 23. — Ce principe de Fraternité doit être l'âme de la Constitution et des lois, des usages et des mœurs.

Art. 24. — Il doit être enraciné par l'éducation dans le cœur des enfants, et appliqué en tout avec toutes ses conséquences.

Art. 25. — Ses principales conséquences sont l'*Egalité*, la Liberté, l'Unité, la Solidarité.

Section III. — Égalité.

Art. 26. — Les Icariens proclament l'*Égalité* naturelle, sociale ou civile et politique, sans aucun privilége. Ils se reconnaissent tous égaux en droits et en devoirs.

Art. 27. — Tous ont le droit d'être également bien nourris, vêtus, logés, instruits, soignés, traités en tout ; comme tous ont le devoir de se dévouer également pour la Communauté.

Art. 28. — La domesticité est supprimée.

Art. 29. — L'Égalité est *relative* et *proportionnelle* ; chacun a un droit égal aux bénéfices de la Communauté, *suivant ses besoins*, et chacun a le devoir égal d'en supporter les charges, *suivant ses facultés.*

Art. 30. — Tous ont la même part dans la Souveraineté, le même droit à la confection de la Constitution et des Lois ; tous sont également électeurs et éligibles pour toutes les fonctions publiques, à l'âge fixé par la loi.

Section IV. — Liberté.

Art. 31. — La Liberté est naturelle Sociale ou civile, et politique.

§ 1er. — *Liberté naturelle.*

Art. 32. — Par la nature, l'homme est essentiellement libre ; la violence et la force ne peuvent donner aucun droit de domination et de maîtrise.

Art. 33. — La défense contre toute attaque, la résistance à toute oppression, sont des droits naturels.

Art. 34. — Mais tous les hommes sont également libres, et, par conséquent, la liberté de chacun est nécessairement limité par la liberté des autres. — Personne n'est libre de nuire à la liberté d'autrui.

Art. 35. — Personne, non plus, n'est libre de violer une *convention* librement faite, un engagement librement contracté.

§ 2. — *Liberté Sociale ou civile.*

Art. 36. — La Société a pour but de garantir la liberté naturelle en la protégeant par la force de tous.

Art. 37. — La loi, expression de la volonté sociale, détermine et fixe les limites nécessaires de la liberté. Elle a le droit d'*interdire* tout ce qui peut être nuisible, et de *prescrire* tout ce qui est utile.

Art. 38. — La licence et l'anarchie ne sont pas la liberté ; ce sont les ennemies de la liberté.

Art. 39. — Quand la loi est faite par le Peuple et pour le Peuple, elle n'interdit que ce qui est nuisible, et ne prescrit que ce qui est utile.

Art. 40. — Alors, la liberté est le droit de faire tout ce qui n'est pas défendu par la loi et de s'abstenir de faire tout ce qui n'est pas ordonné par elle.

Art. 41. — L'obéissance à la loi est l'exercice de la liberté.

§ 3. — *Liberté politique.*

Art. 42. — Elle est le droit de concourir directement ou indirectement, comme tous les autres, à l'exercice de la Souveraineté et à la confection de la Constitution et des Lois.

SECTION V. — UNITÉ.

Art. 43. — L'individualisme entraîne autant de divisions qu'il y a d'individus, le fractionnement et le morcellement à l'infini, qui produisent la faiblesse.

Art. 44. — La Fraternité et le Communisme conduisent au contraire à la Concentration et à l'Unité, qui produisent la force et la puissance.

Art. 45. — La Communauté Icarienne est fondée sur l'*Unité* en tout : dans le peuple, qui forme une seule famille de Frères, et une seule armée de Travailleurs ; dans le territoire, qui forme un seul grand domaine : dans l'Agriculture, qui forme une seule et vaste exploitation de la terre ; dans l'Industrie, qui forme une seule et vaste exploitation industrielle ; dans l'Éducation, qui forme un seul et grand système d'instruction et d'éducation pour le Peuple entier.

Art. 46. — L'unité doit se concilier avec toutes les *divisions* qu'indiquent la raison, la science, la facilité et l'utilité de l'exploitation et du travail.

SECTION VI. — SOLIDARITÉ.

Art. 47. — La Solidarité est aussi une conséquence de la Fraternité et de l'Unité : tous les Icariens sont solidaires les uns envers les autres pour se secourir et se défendre.

Art. 48. — La Communauté Icarienne est une *assurance* mutuelle et universelle contre tous les accidents, tous les désastres et tous les malheurs.

Art. 49. — Les souscriptions et les impôts ne sont plus nécessaires contre l'incendie, l'inondation, le chômage, la maladie, la ruine et la misère.

Art. 50. — La Communauté fournissant à chacun tout ce qui lui est nécessaire, à la seule condition de travailler suivant ses forces, tous les accidents sont prévenus ou supportés et réparés par elle.

Art. 51. — Il n'y a plus dans son sein ni prolétariat, ni paupérisme, ni mendicité, ni vagabondage.

SECTION VII. — RESPECT POUR LA LOI.

Art. 52. — L'un des principes de la Communauté Icarienne, c'est le respect pour la loi et la soumission de la minorité à la majorité.

Art. 53. — Avant le vote, chaque votant a le droit d'exposer en toute liberté son opinion contre le projet en discussion, mais chaque votant prend tacitement l'engagement de se soumettre à la future décision de l'Assemblée.

Art. 54. — La *minorité* doit céder à la *majorité*, et exécuter la décision sans résistance, sans murmure, sans critique, jusqu'à une proposition formelle de révision dans les formes réglées par la Constitution ou par la Loi.

SECTION VIII. — COMMUNAUTÉ.

Art. 55. — Le Communisme est le contraire de l'Individualisme. La Communauté est le contraire de la Propriété individuelle.

CHAPITRE III.

ORGANISATION SOCIALE.

SECTION PREMIÈRE. — PROPRIÉTÉ. — USAGE.

Art. 56. — Dans la Communauté Icarienne, la propriété n'est pas individuelle, mais sociale, commune, indivise.

Art. 57. — Chaque Associé est co-propriétaire de tout; mais rien n'est la propriété individuelle, ou personnelle, ou exclusive de personne : la Communauté seule est propriétaire.

Art. 58. — Seulement, chacun peut et doit avoir l'*usage* ou la jouissance de ce qui lui est nécessaire, suivant les règles établies par la loi.

Art. 59. — La Communauté supprime ainsi : 1° tous les *abus* de la propriété, l'*opulence* et la *misère* qu'elle engendre ; 2° le droit de *succession* et d'héritage, en fournissant à tous les enfants et à tous les citoyens tout ce qui leur est nécessaire ; 3° l'*achat* et la vente, le *commerce* et la *boutique*, avec leurs fraudes et leurs *falsifications*, avec leurs *soucis* et leurs *faillites*, en les remplaçant par la distribution gratuite à tous les Associés de tous les produits dont ils ont besoin ; 4° la *monnaie*, pour les opérations intérieures ; 5° la *banque* et l'*usure* ; 6° les *salaires* des ouvriers ; 7° les *traitements* des fonctionnaires publics ; 8° le *budget* et les impôts ; 9° les *procès* et les *Tribunaux*, avec leurs employés de tout genre.

SECTION II. — SALAIRE.

Art. 60. — Tous les Travailleurs sont nourris, logés, vêtus, fournis de tout, par la Communauté ; par conséquent, le salaire est inutile et supprimé.

SECTION III. — TRAITEMENTS.

Art. 61. — Les fonctions publiques sont un travail, et les fonctionnaires sont des Travailleurs nourris, vêtus, logés, etc., — comme les autres travailleurs ; par conséquent, les traitements sont inutiles et supprimés.

SECTION IV. — IMPÔTS.

Art. 62. — Les impôts de toute espèce sont inutiles et supprimés ; il n'y a pas d'autre impôt que le travail, rendu court, facile, sans fatigue et sans danger, attrayant même, au moyen de l'instruction et des machines multipliées à l'infini.

SECTION V. — ORGANISATION DU TRAVAIL.

Art. 63. — L'ordre et l'organisation sont nécessaires, partout, principalement dans le travail.

Art. 64. — Toutes les industries diverses sont disposées et combinées de manière à s'exercer le plus fructueusement possible.

Art. 65. — Tous les travaux s'exécutent dans de grandes ateliers communs convenablement placés.

Art. 66. — Les machines y sont multipliées sans borne, pour aider et garantir le travailleur, même pour le remplacer, de manière que l'homme puisse un jour n'être plus qu'un créateur et un directeur de machines.

Art. 67. — Les machines sont essentiellement utiles dans la Communauté, puisqu'elles y travaillent pour tous sans nuire à personne.

Art. 68. — Toutes les matières premières, toutes les machines, sont fournis par la Communauté, comme tous les outils, tous les produits sont recueillis et distribués ou employés par elle.

Art. 69. — Les Travailleurs forment une armée pacifique, dirigée par des chefs élus par elle.

Art. 70. — Le travail est une fonction publique.

Art. 71. — Tous les travaux sont également estimés et honorés.

SECTION VI. — AGRICULTURE.

Art. 72. — Tout ce qui précède sur l'industrie, en général, s'applique à l'industrie agricole ou à l'agriculture. — La Communauté la soigne comme la base de la richesse sociale.

SECTION VII. — NOURRITURE.

Art. 73. — La Communauté nourrit ses membres.

Art. 74. — Elle règle tout ce qui concerne la nourriture.

Art. 75. — Elle établit d'abord des repas communs.

Art. 76. — Dès qu'elle le pourra, elle établira quelques-uns des repas dans chaque famille, en fournissant à chacune toutes les provisions nécessaires.

Section VIII. — Logement.

Art. 77. — La Communauté fournit un logement à tous ses membres.

Art. 78. — Aussitôt qu'elle le pourra, elle fournira un logement séparé à chaque famille.

Art. 79. — Elle règle tout ce qui concerne les logements particuliers, tous les ateliers, tous les édifices publics ou communs, les villages et les villes.

Section IX. — Vêtement.

Art. 80. — La Communauté vêt tous ses membres ; elle règle tout ce qui concerne le vêtement.

Art. 81. — Elle concilie la variété avec l'unité et l'égalité.

Section X. — Éducation.

Art. 82. — La Communauté donne l'éducation à tous ses enfants.

Art. 83. — Elle dispose des enfants comme elle le juge convenable, dans leur intérêt particulier et dans l'intérêt général ; consacre toute la partie de leur enfance et de leur jeunesse nécessaire à leur éducation, et règle tout ce qui la concerne.

Art. 84. — L'éducation est la plus complète et la plus parfaite possible.

Art. 85. — L'éducation est physique, morale, intellectuelle, professionnelle, scientifique, civique.

Art. 86. — L'éducation *physique* a pour but de former des individus robustes et adroits.

Art. 87. — L'éducation *morale* a pour but de former d'excellents citoyens, en habituant à la pratique de la *Fraternité* et à l'accomplissement de tous les devoirs sociaux.

Art. 88. — L'éducation *intellectuelle* ou *l'instruction* a pour but de développer au plus haut point l'intelligence des Icariens, en leur donnant à tous, les éléments de toutes les sciences et de tous les arts.

Art. 89. — L'éducation *professionnelle* a pour but de former d'excellents artisans ou Travailleurs pour chaque art et pour chaque industrie.

Art. 90. — L'éducation *scientifique* a pour but de former des Instructeurs et des Savants utiles à l'Humanité.

Art. 91. — L'éducation *civique* a pour but de faire connaître les droits et les devoirs politiques et sociaux.

Art. 92. — L'éducation élémentaire et générale est la même pour la femme que pour l'homme.

Art. 93. — Les enfants d'un même sexe la reçoivent dans des écoles communes.

Art. 94. — Quand la Communauté sera complètement établie et développée, ils pourront habiter avec leurs parents tout en fréquentant les écoles pour leur éducation en commun.

SECTION XI. — MARIAGE. — FAMILLE.

Art. 95. — La Communauté est basée sur le mariage et la famille, purifiés de tout ce qui les dénature ou les altère.

Art. 96. — Le Célibat volontaire est interdit; tous ceux qui peuvent se marier doivent le faire.

Art. 97. — La loi règle tout ce qui concerne le mariage, la famille, l'autorité paternelle et maternelle.

Art. 98. — La dot est supprimée.

Art. 99. — Le choix d'un époux doit être parfaitement libre.

Art. 100. — Les époux sont égaux, sauf les précautions qui seront réglées par la loi en cas de dissentiment.

Art. 101. — Le devoir de fidélité est le même pour les deux époux.

Art. 102. — Le mariage est contracté pour la vie.

Art. 103. — Néanmoins, le divorce sera autorisé dans les cas qui seront prévus par la loi et avec les précautions qu'elle indiquera.

Art. 104. — Chacun des époux divorcés pourra et devra se marier avec un autre.

Section XII. — Maladies. — Infirmes.

Art. 105. — L'éducation, l'hygiène, l'organisation générale de la Société et du travail, doivent chercher à diminuer les maladies.

Art. 106. — Les malades et les infirmes doivent être soignés fraternellement, soit dans un hospice public ou commun, soit dans leurs familles, dans les cas déterminés par la loi ou les règlements.

Art. 107. — Le médecin, le chirurgien, le pharmacien, l'infirmier ou le garde-malade, sont des Travailleurs qui ont leur travail et leur atelier spéciaux comme tous les autres Travailleurs.

Section XIII. — Femmes, Enfants, Vieillards.

Art. 108. — La Communauté garantit : 1° aux femmes en masse, de la part des hommes en masse, respect et égards; 2° aux enfants, amour; 3° aux vieillards, égards et respect; 4° à tous, dévouement et protection.

Section XIV. — Religion.

Art. 109. — La Communauté Icarienne adopte pour Religion le Christianisme dans sa pureté primitive, avec son principe fondamental, la Fraternité des Hommes et des Peuples.

CHAPITRE IV.

ORGANISATION POLITIQUE.

SECTION Iʳᵉ — SOUVERAINETÉ.

Art. 110. — La Souveraineté appartient à la Communauté.

Art. 111. — Elle est exercée concurremment en son nom par l'Assemblée générale et par la Gérance, chacune dans les limites de ses attributions.

Art. 112. — Chaque citoyen exerce sa part de Souveraineté par son *vote*.

Art. 113. — Tout vote est *public*. Le vote écrit est *signé*.

SECTION II. — POUVOIRS PUBLICS.

Art. 114. — Il y a deux grands pouvoirs : le pouvoir *législatif* et le pouvoir *exécutif*.

Art. 115. — Ces deux pouvoirs sont essentiellement distincts et séparés.

Art. 116. — Le pouvoir exécutif est subordonné au pouvoir législatif.

Art. 117. — Le Pouvoir législatif est confié à l'Assemblée générale, et le Pouvoir exécutif à la Gérance.

Art. 118. — Le Pouvoir *judiciaire* est exercé par l'Assemblée générale ou par un Jury organisé par la loi.

SECTION III. — POUVOIR LÉGISLATIF.

Assemblée générale.

Art. 119. — L'Assemblée générale est composée de tous les hommes définitivement admis et âgés de vingt ans.

Art. 120. — Les femmes y sont admises dans une place

séparée, avec voix consultative. Elles sont appelées à donner leur avis sur toutes les questions qui les concernent particulièrement.

Art. 121. L'Assemblée générale fait la Constitution et les lois.

Art. 122. — Les projets de lois peuvent être présentés, soit par la Gérance, soit par chaque Citoyen.

Art. 123. — L'action de l'Assemblée générale est réglée par une loi organique spéciale.

Art. 124. — Quand elle sera trop nombreuse, elle sera remplacée par les Assemblées populaires et par une Assemblée représentative ou nationale, entre lesquelles les Pouvoirs législatif et judiciaire seront distribués par une loi constitutionnelle spéciale.

SECTION IV. — POUVOIR EXÉCUTIF. — GÉRANCE.

§ 1er — *Attributions de la Gérance.*

Art. 125. — La Gérance est chargée de l'exécution des lois, et propose les règlements nécessaires pour leur exécution.

Art. 126. — Elle est aussi chargée de l'administration conformément aux lois.

Elle nomme tous les fonctionnaires ou agents qui lui sont nécessaires pour l'aider dans cette administration sous sa responsabilité.

Art. 127. — Des lois sont nécessaires pour autoriser les emprunts, achats ou ventes d'immeubles.

Art. 128. — Des lois spéciales organiseront toutes les commissions qui pourront être nécessaires.

§ 2. — *Composition de la Gérance,*

Art. 129. — La Gérance est composée de six membres.

Art. 130. — L'un d'eux est Président.

Art. 131. — Les six membres discutent et décident en commun les questions principales.

Art. 132. — En cas de partage, le Président a voix prépondérante.

Art. 133. — La Gérance ne pourra prendre de délibération que lorsque les membres présents sur les lieux assisteront à la séance, et qu'ils se trouveront au nombre de trois au moins.

Art. 134. — Chaque membre de la Gérance pourra demander que son opinion soit constatée sur le procès-verbal et même qu'elle soit communiquée à l'Assemblée générale.

Art. 135. — Chaque membre de la Gérance prend le titre de Membre de la Gérance.

§ 3. — *Élection de la Gérance.*

Art. 136. — Les six membres de la Gérance sont électifs.

Art. 137. — Ils sont élus par l'Assemblée générale.

Art. 138. — Ils sont élus pour un an.

Art. 139. — Ils sont indéfiniment rééligibles.

Art. 140. — Ils sont soumis à la réélection par moitié tous les six mois.

Art. 141. — Tous seront élus à la majorité absolue, et par bulletin écrit et signé.

Art. 142. — Le Président sera élu séparément.

Art. 143. — Les cinq autres membres de la Gérance seront élus conjointement par bulletin de liste.

Art 144. — Avant l'élection, on dressera une liste de candidature sur laquelle on inscrira tous ceux qui seront présentés comme candidats.

Art. 145. — On ne pourra élire que parmi les candidats inscrits.

Art. 146. — Chaque candidat proposé pourra, en exposant ses motifs, demander que son nom ne soit pas inscrit sur la liste de candidature.

Art. 147. — L'Assemblée étant consultée, si dix membres se lèvent pour demander l'inscription ou le maintien sur la liste, le nom y sera inscrit ou maintenu.

Art. 148. — Une discussion pourra s'ouvrir sur chaque candidat.

Art. 149. — Cette discussion sera libre et franche, mais digne et fraternelle, exclusivement animée par le sentiment de l'intérêt général et commun.

§ 4. — *Division des attributions de la Gérance.*

Art. 150. — Les membres de la Gérance se partagent entre eux l'administration.

Art. 151 — Leurs attributions sont divisées ainsi qu'il suit:

1° Présidence, — Surveillance et direction générales ;

2° Direction générale des finances et de la nourriture ;

3° Direction générale du logement et du vêtement ;

4° Direction générale de l'éducation, de la santé et des divertissements ;

5° Direction générale de l'industrie et de l'agriculture ;

6° Direction générale du secrétariat et de l'imprimerie.

Art. 152. — Les membres de la Gérance ne pourront pas présider l'Assemblée générale.

§ 5. — *Président.*

Art. 153. — Le Président de la Gérance prend le titre de *Président de la Communauté Icarienne.*

Art. 154. — Il représente la Communauté dans toutes les relations extérieures.

Art. 155. — Il agit, correspond, négocie, traite, paraît en justice soit comme demandeur, soit comme défendeur, et signe en qualité de Président de la Communauté Icarienne.

§ 6. — *Responsabilité.*

Art. 156. — La Gérance est responsable. Au commencement de chaque mois, elle présentera un état sommaire des opérations pendant le mois précédent et de la situation financière. Tous les six mois, huit jours au moins avant l'élection, elle rendra compte à l'Assemblée générale de sa gestion pendant le semestre, et lui exposera la situation de la Communauté.

§ 7. — *Fonctions publiques.*

Art. 157. — Toutes les fonctions publiques sont établies dans l'intérêt de la Communauté.

Art. 158. — Elles sont aussi multipliées qu'il est nécessaire.

Art. 159. — Toutes sont un devoir, une charge, un travail, qu'on ne peut abandonner sans un empêchement légitime.

Art. 160. — Le lieu où s'exerce la fonction est un atelier pour le fonctionnaire.

Art. 161. — Le fonctionnaire est un mandataire.

Art. 162. — Il est électif, sauf le cas prévu par l'art. 126.

Art. 163. — Il est temporaire, comptable et responsable.

Art. 164. — Il doit commander avec fraternité, et chacun doit obéir avec égard par respect pour la loi.

Art. 165. — En cas d'abus, soit du fonctionnaire envers le citoyen, soit du citoyen envers le fonctionnaire, chacun d'eux a le droit de réclamer ou de se plaindre.

SECTION V. — POUVOIR JUDICIAIRE.

§ 1er. — *Délits.*

Art. 166. — Dans la Communauté, les délits sont : les actes qui nuisent à la Société ou à quelqu'un de ses membres ; la violation des principes, des lois et règlements ; la disposition illégale d'un objet commun ; le défaut de soin et d'économie ; le désordre et le trouble apportés dans la grande famille.

Art. 167. — Le mensonge et la calomnie sont des délits inexcusables.

Art. 168. — L'injure et la médisance, la critique hors de l'Assemblée générale, sont aussi des délits.

§ 2. — *Peines.*

Art. 169. — Les peines sont : 1° le blâme dans l'atelier ou dans l'Assemblée générale, ou dans le public extérieur avec plus ou moins de publicité ; 2° l'exclusion de l'atelier ou de l'Assemblée générale, ou de la Communauté dans les cas qui seront déterminés par la ioi.

§ 3. — *Constatation des délits.*

Art. 170. — Chaque Directeur d'Atelier doit constater, dans un rapport hebdomadaire ou spécial, les délits commis dans l'atelier.

Art. 171. — C'est un devoir pour chaque citoyen de faire connaître, dans l'intérêt de la Communauté, les délits commis contre elle.

Art. 172. — C'est un devoir pour la Gérance de surveiller les délits et de demander contre eux l'exécution des lois.

§ 4. — *Jugement.*

Art. 173. — Les délits contre les règlements de l'atelier sont jugés par l'atel. .

Art. 174. — Les délits communs contre ia Communauté sont jugés par l'Assemblée générale ou par un jury.

SECTION 6. — RÉVISION.

Art. 175. — Le Peuple Icarien a essentiellement le droit

de réviser et de modifier sa Constitution. — Mais il peut, dans son intérêt, établir des règles et des formes pour que la Constitution ne soit pas exposée à des changements trop précipités ou trop fréquents.

Art. 176. — La Constitution ne pourra être révisée qu'après des intervalles de deux ans, en 1853, 1855, etc.

Art. 177. — La révision se fera en Mars.

Art. 178. — Celui qui voudra demander la révision totale ou partielle devra le faire par écrit, dans l'avant-dernière semaine de Février.

Art. 179. — Tous ceux qui voudront présenter des modifications ou des changements devront le faire, par écrit, dans le même temps.

Ces modifications écrites seront affichées durant la dernière semaine de Février.

Art. 180. — Dans la dernière semaine de Mars, l'Assemblée décidera d'abord, à la majorité des trois quarts, si elle prend en considération la demande en révision.

Art. 181. — Dans ce cas, elle fixera l'ouverture de la discussion à un jour de la seconde huitaine de Mars.

Art. 182. — Chaque membre pourra proposer, par écrit, des amendements aux changements proposés.

Art. 183. — L'Assemblée discutera et votera à la majorité des trois quarts la révision totale ou partielle de la Constitution.

DISPOSITION FINALE.

Un exemplaire imprimé de la Constitution et des Lois principales, quand l'Assemblée générale l'ordonnera, sera remis à chaque membre de la Communauté.

Comme conséquence de cette Constitution, qui venait de remplacer le premier contrat social, le Cit. Cabet proposa, en mars 1850, la loi sur l'admission, la retraite et l'exclusion ci-après, qui fut votée le 5 avril.

LOI SUR L'ADMISSION, LA RETRAITE, L'EXCLUSION.

SECT. 1ʳᵉ : ADMISSION.

Art. 1ᵉʳ — L'admission dans la Communauté Icarienne sera d'abord *provisoire,* puis *définitive.*

Art. 2. — L'une et l'autre seront prononcées à Nauvoo, par l'Assemblée générale. sur le rapport et la proposition de la Gérance,

§ I.   ADMISSION PROVISOIRE.

Art. 3. — La Gérance vérifiera si le demandeur remplit réellement toutes les conditions exigées par la loi.

Art. 4. — Elle examinera toutes les *pièces* qui doivent être produites.

Art. 5. — Elle vérifiera particulièrement la santé, le trousseau, l'inventaire, les outils et l'Apport.

Art. 6. — Elle consultera la biographie du demandeur, les certificats, attestations, lettres, etc., qui peuvent le faire connaître, le rapport sur le voyage depuis la France jusqu'à Nauvoo.

Art. 7. — Elle interrogera le demandeur sur chacune des conditions d'admission, sur les principes Icariens, sur ses opinions sociales, politiques, religieuses, sur ses droits et ses devoirs, pour s'assurer qu'il connaît bien la doctrine Icarienne et les écrits qui l'exposent, qu'il adopte complètement cette doctrine; et qu'il a les qualités nécessaires pour la pratiquer.

Art. 8. — Elle ouvrira une enquête, et ne négligera aucun moyen d'éclairer l'Assemblée générale.

La demande en admission sera affichée pendant huit jours. Chacun pourra former opposition ou faire ses observations. L'admission ne pourra avoir lieu qu'après ces huit jours.

Art. 9. — L'Assemblée générale pourra répéter l'interrogatoire.

Art. 10. — La présence des neuf dixièmes des membres de l'Assemblée générale qui se trouveront sur les lieux et la maorité des trois quarts des votants seront nécessaires pour l'admission.

Art. 11. — L'admission provisoire sera consignée sur un registre particulier, sur lequel seront inscrits : 1° Les noms, prénoms, etc. de l'admis ; 2° le vote pour l'admission ; 3° l'Apport en argent et en nature avec une estimation contradictoire ; 4° le trousseau et les outils avec leur valeur estimative.

Art. 12. — Ces différentes reconnaissances et estimations seront signées par l'admis.

§ Art. 13. — L'admis provisoirement versera son apport, ses outils et tout ce qu'il aura, en ne conservant que son trousseau légal. Ce versement sera constaté sur le registre.

Art. 14. — S'il n'est pas admis définitivement, il reprendra son Apport en nature, et les quatre cinquièmes de son Apport en argent, pourvu qu'il parte pacifiquement et fraternellement.

Art. 15. — Il ne pourra rien réclamer pour son travail, qui sera compensé avec sa dépense pour logement, nourriture, etc.

Art. 16. — Pendant les quatre mois de noviciat, l'admis provisoirement pourra se retirer, en prévenant huit jours d'avance.

Art. 17. — L'Assemblée générale pourra aussi l'inviter à se retirer.

§ II. ADMISSION DÉFINITIVE.

Art. 18. — Après quatre mois d'épreuve, le demandeur pourra être admis définitivement.

Art. 19. — La Gérance pourra de nouveau interroger, examiner, faire une enquête.

Art. 20. — L'admission définitive aura lieu de la même manière que l'admission provisoire.

Art. 21. — A l'instant tout l'Apport de l'admis, tant en argent, devient la propriété de la Communauté.

Art. 22. — L'admis conserve son trousseau légal tant que la Communauté ne remplacera pas tous les anciens trousseaux par un nouveau trousseau légal.

Art. 23. — Tous les autres objets, linge, vêtements, outils, instruments, livres, bijoux, armes, etc., seront démarqués, marqués au signe de la Communauté et confondus dans la masse commune.

SECT. XI.   RETRAITE.

Art. 24. — Si la vie commune lui devient impossible, l'associé pourra se retirer en prenant toutes les précautions pour que sa retraite ne soit pas préjudiciable à la Communauté.

Art. 25. — Cette retraite ne pourra s'effectuer qu'aux conditions suivantes : 1° Il faudra prévenir par écrit. L'avertissement sera enregistré. La retraite aura lieu dans le délai qui sera fixé par l'Assemblée générale, lequel délai ne pourra excéder trois mois ; 2° la retraite devra avoir lieu sans aucune hostilité.

Art. 26. — Celui qui se retirera en remplissant ces conditions, recevra : 1° Son trousseau tel qu'il se trouvera à cette époque; 2° sa literie telle qu'elle se trouvera ; 3° ses outils reconnus indispensables pour lui lors de son admission définitive ; 4° la moitié de son apport en argent et en nature, ou sa valeur suivant l'estimation faite et consentie lors de l'admission définitive.

Art. 27. — Cette moitié lui sera payée savoir : vingt dollars en argent; et le reste en argent ou en billets, sans intérêts en un ou plusieurs paiements dans les délais qui seront fixés par l'Assemblée générale ; ces délais n'excèderont pas cinq ans.

Art. 28 — Celui dont l'apport aura été fait ou complété par un autre associé ne pourra réclamer la moitié que de ce qu'il aura personnellement apporté.

Art. 29. — Personne ne pourra emporter ni le bois de lit, ni la chaise, ni la table, ni aucun autre meuble qui lui aura été fourni par la Communauté.

Art. 30. — Les malles et caisses seront visitées lors du départ de l'admis provisoirement ou définitivement.

Section III. — Exclusion.

Art. 31. — Si le partant ou tout autre associé qui ne demande pas à partir viole ses engagements, s'il méconnaît l'autorité de l'Assemblée générale ou de la Gérance, les lois et règlements, s'il trouble la Communauté, il pourra être *exclus* par décision de l'Assemblée générale.

Art. 32. — Cette exclusion ne pourra être prononcée que une Assemblée générale comprenant les neuf dixièmes des par membres qui se trouveront sur les lieux et la majorité des trois quarts des votants.

Art. 33. — Le vote pour les admissions ou pour les exclusions sera public.

Art. 34. Les articles 26, 27, 28, 29, 30 seront applicables à l'exclus.

Fait à Nauvoo (Illinois), le 5 avril 1850.

Cette loi, présentée le 22 mars 1850, a été discutée dans les séances des 23, 25, 26, 28 et 30 mars, 3 et 5 avril 1850, a été votée le 5 avril, sur l'appel nominal, à la majorité de 83 voix contre 3.

Pou rexécuter la Constitution, Cabet, élu Président de la Communauté, fait le règlement suivant sur la Gérance pour définir les attributions et les devoirs de chaque Gérant.

RÈGLEMENT SUR LA GÉRANCE.

CHAPITRE 1ᵉʳ — ATTRIBUTIONS.

SECT. I. — PRÉSIDENT DE LA COMMUNAUTÉ.

La constitution confie au Président de la Gérance et de la Communauté la *Surveillance* et la *Direction générales*. C'est donc pour lui un devoir de tout surveiller et de prendre l'initiative pour tout ce qui constitue la direction et la haute administration, notamment : — pour l'organisation et la réalisation de la Communauté Icarienne; — pour la pratique des principes Icariens, du dévouement humanitaire, de la Fraternité, etc ; — pour l'exécution de la Constitution et des lois, des règlements et des conditions d'admission; — pour l'accomplissement de tous les devoirs Icariens; — pour les finances; — pour l'éducation, la santé, le travail, l'ordre, le soin, l'économie, la propreté, la décence; — pour la répression des délits; — pour les réformes et les améliorations possibles.

Il est spécialement chargé de toutes les relations *extérieures* et de la *correspondance*; — de la propagande; — de la *rédaction* des journaux et des brochures.

En cas d'urgence, chaque directeur d'atelier, et chaque travailleur doit exécuter ce qu'il demande.

Il fera, pour la Communauté, un *rapport général* sur sa situation matérielle et morale, tous les six mois, et toutes les fois qu'il le jugera nécessaire.

SECT. II.— DIRECTION GÉNÉRALE.

Des Finances et de la Nourriture.

Finances : — Recettes et paiements; — Livre de caisse, -ivre d'échéance, brouillards écrits chaque jour; — Surveillance pour les autres livres de comptabilité, écrits chaque jour ; — Etats de situation mensuels et semestriels.

Nourriture : — Achat des provisions ; — Direction de la boulangerie ; — de la boucherie ; — de la charcuterie ; — du laitage ; du jardinage, des fruits ; — de la pêche ; — de la chasse ; des boissons ; — des diverses cuisines ; — des ustensiles et vaisselle ; — du réfectoire ; — des tables ; — des aliments exceptionnels ; — des magasins et des provisions.

Présidence de la Commission de nourriture.

SECT. III.   DIRECTION GÉNÉRALE.

du logement et du vêtement.

Logement : — Logements et accessoires (puits, lieux, petits jardins particuliers) ; — ameublement ; — chauffage ; éclairage ; — facilité des chemins.

Vêtements : — Vérification des trousseaux ; — réunion des inventaires ; — confection et raccommodage.

Blanchissage ; — Buanderie ; — lavoir et séchoir.

Filage, tissage et teinture.

Chaussures et tannage.

Ateliers de tailleurs, de cordonniers et de sabotiers.

Lingerie : — Ateliers de femmes.

Literie : — Matelassiers.

Magasins d'étoffes, etc., de vêtements ; — de meubles.

Présidence de la Commission de vêtements.

SECT. IV.   DIRECTION GÉNÉRALE.

De l'éducation, de la santé et des divertissements.

Education : — Surveillance des écoles ; — de leur logement et de leur ameublement, etc ; — des instituteurs et surveillants ; — de l'éducation proprement dite (l'éducation Icarienne) ; — habitude des vertus leurienues ; — pratique de la fraternité ; — amour de la Communauté.

Jeux, etc.; — Gymnastique.

Instruction : — Livres, instruments, fournitures ; — leçons ; professeurs.

Divers cours pour les apprentis, les hommes, les femmes ; — École normale.

Santé : — Médecins, chirurgiens, sages-femmes, dentistes. Pharmacie : — Infirmerie.

Hygiène : — Propreté.

Funérailles.

Rapport quotidien au Président sur la santé et sur les écoles.

Divertissements : — Jeux ; — Musique ; — Théâtre ; — Fêtes. Promenades générales.

Sécurité, agréments, embellissements.

Bibliothèque : — Journal pour l'enregistrement des livres à leur entrée ; — classement et catalogues.

Distribution des livres et journaux pour la lecture ; — registre pour la sortie et la rentrée des livres.

SECT. V. — DIRECTION GÉNÉRALE.

De l'industrie et de l'agriculture.

Industrie : — Distribution de tous les travailleurs ; — organisation de tous les ateliers ; — commande et surveillance de tous les travaux.

Achat des matières premières, outils, etc., moulin ; — distillerie ; — scierie ; — porcherie.

Bûcherons ; — mariniers ; — flatboats, barques, etc.

Magasin de matières premières, d'outils et de produits.

Expédition des produits.

Charrois.

Achat ou louage des terres.

Agriculture : — Instruments ; — chevaux ; — bœufs ;—bestiaux ; — écuries ; — fourrages ; — harnais ; —voitures ;—wagons.

Commande et surveillance des travaux agricoles.

Récoltes.

Présidence du Conseil d'industrie et des réunions d'ateliers pour des questions spéciales.

SECT. VI. — DIRECTION GÉNÉRALE.

Du Secrétariat et de l'Imprimerie.

Secrétaire de la Gérance. — Procès-verbal; — notes en séance; — rédaction succincte.

Surveillance et direction du bureau du Secrétariat.

Registre de l'état civil ;—admissions provisoires, définitives; — retraites; — exclusions.

Mariages.

Naissances.

Décès ;—annonce aux familles.

Ecritures et publications concernant l'Assemblée générale; recueil des procès-verbaux.

Registre des lois et règlements.

Mémorial : —Faits importants de chaque jour ;—arrivées et départs ;—admissions provisoires et définitives ,—retraites — exclusions ;—naissances, mariages et décès ; — voyages ;— départ et retour ;—visites ;—accidents.

Nos journaux. —Registres des abonnements, des échanges, des expéditions, des essais, des brochures.

Réception des journaux étrangers ; — enregistrement de ceux reçus à chaque courrier.

Travail de rédaction ; — correction des épreuves ;

Surveillance de l'impression ; — indication du nombre à tirer ; — compte des tirages ; — pliage ; — expédition.

Conservation des numéros restants.

Bulletin commercial. — Préparation des annonces concernant les marchés.

Annonces : — Réception ; — enregistrement ; — insertion ; — envoi des certificats ; — paiement.

Imprimerie et lithographie : — Surveillance et direction ; — Caractères ; — papier ; — encre ; — ustensiles.

Remise de la copie.

Correspondances : — Lettres, rédaction quand elle est confiée ; — copie et envoi des lettres.

Distribution du papier à écrire, etc.

Le directeur du Secrétariat se tiendra au bureau du Secrétariat et aura les collaborateurs nécessaires.

Le Secrétariat est un atelier soumis à toutes les règles concernant les ateliers.

CHAPITRE II.

SÉANCE DE LA GÉRANCE.

La Gérance se réunit régulièrement aux jours et aux heures fixés par elle, et extraordinairement quand un de ses membres le croit nécessaire.

Le Président ouvre la séance et la dirige.

On commence par lire le procès-verbal de la séance précédente, qui est ensuite signé par le Président et le secrétaire.

A la première séance de chaque semaine, le directeur des finances communiquera à la Gérance, et remettra à son président la situation financière de la Société, le montant de la recette et des paiements pendant la semaine précédente, ainsi que le montant de la caisse, des créances et des dettes avec leurs échéances.

Chaque membre fait son rapport, 1° sur la commission qu'il a présidée et pour laquelle il a dû rédiger ou faire rédiger un procès-verbal ; 2° sur l'exécution des mesures dont l'exécution lui a été confiée ; 3° sur l'ensemble de sa direction ; 4° sur ses observations à communiquer ; 5° sur ses propositions et demandes.

A cet effet, chacun aura un *carnet* sur lequel il inscrira ses observations, ses propositions et ses demandes.

Puis, la Gérance discute et décide.

Chacun est chargé de l'*exécution* des mesures qui le concernent. — Il les inscrit sur son *carnet*.

Quand l'exécution concerne plusieurs membres, ils doivent se prévenir et se concerter.

Toutes les mesures ou questions générales ou importantes doivent être soumises à la Gérance, notamment les achats, dépenses, voyages, distribution des logements, placement des ateliers et magasins, des écoles et établissements publics ;— la distribution des travailleurs.

Quand un *achat est considérable*, les objets à acheter doivent être détaillés sur une autorisation donnée par le président, et rapportée pour justifier l'achat.

En cas d'urgence, entre deux réunions de la Gérance, chaque directeur général pourra décider et faire exécuter provisoirement les mesures qui lui paraîtront nécessaires, en en rendant compte à la Gérance dans sa première réunion.

Chacun est chargé de soutenir, devant l'Assemblée générale, les propositions de la Gérance concernant sa direction.

Un relevé de tous les rapports d'ateliers sera soumis chaque semaine à la Gérance, puis un rapport général sera, tous les mois, communiqué à l'Assemblée générale et affiché.

Chaque semaine, le Président fait à l'Assemblée générale, un rapport sur les opérations importantes de la Gérance et sur les faits généraux les plus intéressants.

CHAPITRE III. — DEVOIRS DES GÉRANTS.

Chaque membre de la Gérance doit généralement commander ou parler au nom de la Gérance.

Il doit veiller à que les décisions de la Gérance soient *exécutées*, et faire *un* rapport sur le refus d'exécution, et sur les propos inconvenants sur l'administration.

Il doit commander avec égards et *fraternité*, écouter et transmettre les observations, mais éviter toutes les *discussions* et les *personnalités*.

Les membres de la Gérance doivent *l'exemple de toutes les vertus icariennes*, et de l'accomplissement de tous les *devoirs* icariens, notamment de la fidélité aux *principes* ; —du respect pour la Constitution, les lois et les règlements ; —de l'activité, du travail, de l'exactitude, du *zèle* et du *dévouement* à la Communauté ; —du *soin*, de l'*économie*, de l'*ordre* et de la propreté.

Chacun doit s'exercer à être prévoyant et à prendre l'initiative dans sa direction.

Chacun doit soigner son *magasin*, le mettre en ordre, inscrire sur un registre tout ce qui y entre et tout ce qui en sort, en faire l'inventaire annuel et en être responsable.

Un membre de la Gérance et tout autre fonctionnaire ne peut quitter sa fonction qu'après le temps fixé par l'Assemblée générale.

Chaque membre sortant de la Gérance lui remettra ses

inventaires, registres, livres, notes, magasins, et tout ce qu'il aura comme membre de la Gérance.

Les membres de la Gérance s'entendront pour que le dimanche, il y ait toujours l'un d'eux au bureau de la Gérance pendant un certain nombre d'heures, annoncé à la Communauté.

Toutes les *écritures* du secrétariat et de la comptabilité seront remises au Président chaque dimanche, avant midi.

Personne ne doit se permettre aucune personnalité contre un fonctionnaire quelconque ; mais chacun peut et doit adresser sa plainte à la Gérance ou à l'Assemblée.

A la fin de chaque séance de l'Assemblée générale, le Président de l'Assemblée doit toujours dire : « Si quelqu'un a quelque réclamation à former, qu'il demande la parole ! »

Nauvoo, le 15 décembre 1853.

RAPPORTS D'ATELIER.

Les directeurs de tous les ateliers, fixes ou mobiles, permanents ou temporaires, sans exception, feront des rapports hebdomadaires indiquant le travail de chacun des membres de l'atelier, le produit de l'atelier, les accidents, les abus, les infractions aux règlements, et généralement tout ce qui, dans l'atelier, intéresse la Communauté.

Celui qui travaille seul fera également son rapport.

Quelques-uns des directeurs pourront être autorisés à ne faire leurs rapports que tous les quinze jours, ou après chaque opération terminée.

Les rapports devront être déposés le mardi.

Ils seront déposés dans la *boîte* du réfectoire et remis chacun au membre de la Gérance dans les attributions duquel l'atelier est placé.

Celui-ci remettra au Président, avant le jeudi suivant, tous les rapports qu'il aura recueillis, avec son propre rapport contenant ses observations.

Le Président communiquera à l'Assemblée générale, le samedi suivant, les faits les plus importants qui pourront résulter des rapports.

Au commencement de chaque mois, il communiquera un résumé de tous les rapports.

RAPPORTS

Concernant les finances et la nourriture.

Commission de nourriture ; — commission de comptabiiité. Moulin ;—distillerie ;—porcherie ;—boucherie ;—charcute-rie ;—Boulangerie ;—volaille ; — laitage ;—chasse ;—pêche;—chaque atelier de jardinage ;—grande cuisine ;—réfectoire ; —cuisine de l'infirmerie ;—distribution des aliments exception-nels ;—cuisine du moulin ;—cuisine de chaque atelier mobile; —Distribution du sucre et du café, du whiskey et du tabac.

RAPPORTS

Concernant le vêtement et le logement.

Commission de vêtements. Tailleurs;—cordonniers ;—sabotiers — formiers et balais ; —tanneurs ;—chandellerie ; — savonnerie ; — huilerie ; — tis-seurs ;—teinturiers ;— filage ;—matelassiers ; — buanderie ;— lavoir;— lingerie;—repassage;— lingères;— raccommodeuses; —couturières ; —distribution du chauffage et de l'éclairage. —

RAPPORTS

Concernant les écoles et la santé.

Commission des écoles ;—des divertissements ;—commis-saires des spectacles, jeux, divertissements , promenades , fêtes.

Chacune des trois écoles ; — chaque instituteur ; — ateliers
d'enfants ;—musique ;—bibliothèque ;— livres reçus dans la
semaine ;—donnés en lecture ;—médecine ;—sage-femme ;—
dentiste ;—infirmerie ;—pharmacie ;—théâtre ;—décorations ;
—directeur du spectacle ;—surveillant des chemins, etc.

RAPPORTS

Concernant l'industrie et l'agriculture.

Commission de l'industrie ; d'atelier,

Maçons , etc.; — menuisiers ; — tourneurs ;— peintres ;—
vitriers ;—charpentiers ;—charrons ; — tonneliers ;—mécaniciens ;—forgerons ;—serruriers ;—tôliers ferblantiers ;—cor-
derie ;—Vanniers ;—moulin ;—distillerie ; — scierie ;—porcherie ;—écurie de chevaux ;—de bœufs ;—de vaches ;—selliers ;
— charretiers (chacun) ; — chaque ferme ; — bûcherons dans
l'île ; —dans la forêt ; — charbon ; — flatboats ; — chaque
atelier mobile.

RAPPORTS

Concernant le Secrétariat et l'imprimerie.

Imprimerie ;—annonces ;—brochures ;—*Revue Icarienne* ;
— abonnements ;—tirages ;—*Le Communist*, abonnements,
tirages ;—secrétariat ;—travail ;—mémorial.
Nauvoo, 15 décembre 1853.

Le Président de la Communauté,

Cabet.

RÈGLEMENT POUR L'ASSEMBLÉE GÉNÉRALE.

EXPOSÉ DES MOTIFS.

Dans tous les pays, la loi sur les Assemblées générales est une des lois les plus importantes, puisqu'elle règle la confection de toutes les autres lois.

En Icarie surtout, c'est une des lois fondamentales et presque constitutionnelles.

La Constitution Icarienne et la loi Icarienne sur l'Assemblée générale sont peut-être les plus libérales, les plus démocratiques et les plus populaires qui existent ; car elles proclament et constituent la Souveraineté du Peuple, le suffrage universel, le droit pour chaque citoyen de proposer les lois, de les discuter et de les voter, en accordant aux *femmes* le droit d'assister aux Assemblées et de prendre part à toutes les discussions pour donner leur avis et défendre leurs intérêts.

La loi Icarienne va plus loin : elle déclare que l'assistance aux Assemblées générales n'est pas seulement un droit, mais encore un *devoir* ; et ce principe, que l'assistance est un devoir, est un pas immense dans la pratique et l'organisation de la Démocratie.

C'est un devoir, en effet, pour l'Icarien, soit envers lui-même, soit envers ses concitoyens, qui sont ses frères, soit envers la Communauté prise collectivement.

C'est un devoir envers lui-même, sous le rapport de son intérêt propre et de sa dignité personnelle ; car un être intelligent et raisonnable, jaloux de sa dignité d'homme, et vraiment digne du nom d'homme dans la plus haute acception du mot, doit apprécier et désirer les jouissances intellectuelles et morales avant les jouissances matérielles et sensualistes ; il doit désirer avant tout la Liberté, l'Égalité, la Fraternité, et faire tout ce qui dépend de lui pour s'en assurer la possession. Celui-là ne mériterait ni le nom de Démocrate , ni même celui d'homme, ni surtout celui d'Icarien, qui dédaignerait d'exercer les droits de citoyen et, par conséquent , d'assister aux Assemblées générales pour y prendre part à la confection des lois qui doivent régler ses actes et son sort.

Aussi, partout les travailleurs et les prolétaires réclament à tout prix la reconnaissance et la pratique du principe de la souveraineté du Peuple, du suffrage universel et de la participation de chaque citoyen à la confection des lois et à la décision des affaires publiques.

Or, les Icariens, peuvent jouir en Icarie de tous ces avantages sans aucune réserve et sans aucun obstacle ; ne serait-ce donc pas se manquer à eux-mêmes et se donner un démenti, s'ils pouvaient négliger l'exercice de leur droit ?

L'assistance à l'Assemblée est aussi un devoir pour chaque Icarien envers ses frères, parce que chacun leur doit le tribut de son intelligence, de son instruction, de son expérience, de sa capacité, de ses observations, de ses opinions et de ses conseils ou de ses avis. Être indifférent au bien public et au bonheur de ses frères, pour ne s'occuper que de ses jouissances personnelles, ce ne serait pas seulement un acte de folie, qui pourrait compromettre ses intérêts particuliers, mais ce serait encore un acte d'égoïsme, de mauvais citoyen et de mauvais frère.

L'assistance à l'Assemblée générale est encore un devoir rigoureux envers la Communauté, considérée collectivement ; car la Communauté est profondément intéressée à ce que tous ses membres s'instruisent et se moralisent autant que possible, connaissent tous leurs intérêts, tous leurs devoirs, toutes les lois, tous les règlements, toutes les décisions, tout ce qu'il faut faire ou éviter afin de pouvoir exécuter et pratiquer ; or, c'est dans l'Assemblée générale seule que tout peut s'apprendre, se connaître, se perfectionner ; et celui-là pourrait nuire essentiellement à la Communauté qui, en négligeant d'assister à ses Assemblées, s'exposerait nécessairement à violer les lois et les devoirs sociaux faute de les connaître. Ce devoir d'assistance aux Assemblées existe évidemment pour les admis provisoirement comme pour ceux qui sont définitivement admis.

Ce devoir existe évidemment aussi pour les femmes comme pour les hommes, pour les jeunes filles et les jeunes femmes comme pour les femmes plus âgées ; car la Communauté est évidemment intéressée à ce qu'elles connaissent tous leurs devoirs comme leurs droits, toutes les décisions et toutes les règles de conduite, afin qu'elles puissent s'y conformer.

Il en est de même encore pour les jeunes gens hors des écoles.

Toute la Colonie doit donc être réunie tout entière, autant que possible, en Assemblée générale, pour s'instruire et faire les lois, en même temps que pour fraterniser.

Et celui ou celle qui, au lieu d'assister à l'Assemblée générale, irait passer la soirée ailleurs, surtout chez des personnes étrangères à la Communauté, manquerait également à tous ses devoirs.

Cependant, quoique la masse des Icariens se montre fidèle à ce devoir, l'expérience a signalé quelques abus et la nécessité de quelques mesures d'ordre et de quelques dispositions règlementaires ou de quelque rappel à la loi pour réaliser complètement le principe ci-dessus, et pour garantir également la liberté de tous.

Ainsi, de ce que c'est un devoir pour chaque Icarien et chaque Icarienne d'assister à l'Assemblée générale, il en résulte nécessairement que personne ne peut en être dispensé que par une impossibilité absolue, provenant d'une maladie ou d'une absence forcée ou d'un service public ; que les nourrices elles-mêmes ne pourront s'en exempter dès que l'on pourra prendre les mesures nécessaires pour leur rendre la chose possible ; que celui qui ne peut assister doit, quand il le peut, prévenir la Gérance ou le Bureau de l'Assemblée ;

qu'il doit faire connaître loyalement le motif de son absence ; que cette absence et son motif doivent être constatés dans le procès-verbal ou dans un rapport spécial ; que chacun doit arriver à l'heure indiquée, et ne doit sortir qu'à la fin de la séance.

Pour l'ordre et la facilité de compter les présents, les absents, les votes pour ou contre, dans chaque catégorie, des places séparées doivent être désignées pour les femmes, pour les jeunes gens, pour les admis provisoirement et pour les admis définitivement ; et chacun doit se placer dans sa catégorie, en occupant une des places les plus rapprochées du Bureau, de manière que les places vides puissent être occupées par les derniers arrivants, sans déranger personne.

Tant qu'il y aura un certain nombre de personnes, des nourrices surtout, qui ne pourront pas assister à quelques séances, il sera nécessaire de prendre des mesures pour leur faire connaître ce qui se sera passé dans ces séances.

Inutile de dire que le silence, la gravité, la dignité, toutes les convenances, doivent régner dans l'Assemblée Icarienne, avec la Fraternité, l'Égalité et la Liberté ; que chacun doit être assis, et que toutes les têtes devront être découvertes dès qu'on aura pu disposer la place nécessaire pour y déposer les coiffures. En attendant, personne ne peut prendre la parole qu'après s'être découvert.

Mais la loi du 30 janvier 1851, qui règle beaucoup d'autres questions sur les droits et les devoirs des membres de l'Assemblée, sur le Bureau, sur le vote, etc., ne prévoit pas le cas de l'*abstention*, parce qu'il était difficile pour l'auteur de la proposition de cette loi de prévoir un pareil cas ; et comme il s'est présenté plusieurs fois depuis, il est désormais nécessaire de le régler. Un Icarien présent au vote peut-il donc s'abstenir de voter pour ou contre ? — Nous ne le croyons pas, parce qu'un Icarien, qui n'est admis qu'après avoir déclaré qu'il connaît tous les écrits Icariens, la Doctrine, les principes et le système Icariens, la Constitution et les Lois Icariennes ; qui, dès lors, doit avoir de l'instruction sociale et politique ; qui, d'ailleurs, a assisté à toute la discussion d'une question quelconque, et qui a pu demander toutes les explications nécessaires, ne peut pas, raisonnablement et sincèrement, affirmer qu'il n'a aucune opinion, ni pour ni contre ; et, par conséquent, il ne peut pas s'abstenir, car, autrement, plusieurs et beaucoup pourraient le faire, et alors que ne pourrait-on pas dire des Icariens ?

Nous ne pouvons pas admettre qu'il y ait aucun esprit de parti dans l'Assemblée Icarienne, ni que personne puisse ne pas avoir le courage de son opinion, et par conséquent nous pensons que chacun doit voter sans s'abstenir.

Nous pensons même que chacun doit être prêt à donner et à motiver loyalement son opinion, et qu'il doit le faire sans répugnance et sans hésitation, sur l'invitation du Président de la Communauté ou du Président de l'Assemblée, ou d'un autre membre.

Par conséquent, quand le vote a lieu par main levée ou par assis et levé, ce serait manquer de courage et de loyauté que de s'abstenir clandestinement d'y prendre part.

Il en est de même du vote pour une élection : l'abstention serait injustifiable, parce qu'il est impossible qu'un Icarien ne connaisse personne digne et capable, soit d'être présenté comme candidat, soit d'être élu.

Quant à la forme du vote, le vote public par oui ou par non sur *l'appel nominal* est le plus solennel, le plus certain, le plus démocratique et le plus Icarien ; il devrait être toujours employé s'il n'exigeait pas un temps plus long, qui peut être mieux utilisé : cependant on peut convenir qu'il sera préféré pour le vote sur l'ensemble d'une loi, ou pour les questions importantes, ou quand le Président de la Communauté le demandera ou quand dix membres se lèveront pour le réclamer.

Et quant au vote pour l'élection, comme la nécessité d'une majorité absolue pourrait entraîner plusieurs scrutins et une grande perte de temps, on peut convenir que l'opération sera terminée nécessairement au troisième tour de scrutin, par un ballotage entre les deux candidats qui auront obtenu le plus de voix au second tour.

L'élection des deux Vice-Présidents et des trois secrétaires de l'Assemblée générale pouvant exiger trop de temps par le vote écrit, il est raisonnable d'abréger et de faciliter l'opération, en préférant le vote par assis et levé.

La loi du 30 Janvier parle de l'*ordre du jour* annoncé d'avance pour la discussion, afin que chacun puisse se préparer sans pouvoir être surpris : mais pour atteindre complètement ce but, il faut que le projet à discuter et ses motifs soient rédigés par écrit, communiqués, publiés, affichés, et lus ensuite en Assemblée; et pour que la discussion soit complète, il faut qu'il y ait d'abord, si quelqu'un la demande, une discussion générale sur le principe, puis une discussion et un vote sur chaque article en particulier, puis enfin, un vote général pour adopter ou rejeter la proposition.

Il sera utile que les votes importants soient publiés.

Les Icariens qui ne parlent et qui ne comprennent pas parfaitement le français, doivent-ils assister aux assemblées ? — Il y a quelques raisons pour les en dispenser, mais d'autres raisons plus nombreuses et plus fortes pour repousser l'exception; car ils auraient une sorte de privilége apparent; ils resteraient plus longtemps étrangers à la langue; ils ne prendraient aucune part aux discussions et aux votes; ils ignoreraient presque tout, ne pourraient rien exécuter, et seraient comme étrangers au milieu de leurs frères. Mais, si on les admet sans connaître la langue, et si on les oblige à assister aux assemblées, il faut alors prendre tous les moyens possibles pour leur apprendre le français, et pour leur faire comprendre la proposition, la discussion, la question à décider et le vote.

Quel est le nombre de votants nécessaire ou pour une délibération ou pour une élection? — La loi du 30 Janvier ne le dit pas, mais nous pensons que ce nombre peut être raisonnablement fixé aux neuf-dixièmes des membres présents sur les lieux et sans empêchement légalement constaté et reconnu.

Enfin, six Commissaires, tirés au sort à tour de rôle pendant un mois, qui choisiront entre eux un directeur, nous paraissent nécessaires pour constater les présences et les absences, les entrées et les sorties, pour faire placer, pour compter les votes, et généralement pour veiller à l'ordre dans l'Assemblée et faire un rapport au Président de la Communauté.

Par ces diverses considérations, et tout en confirmant l'exécution de la loi du 30 Janvier 1851, nous proposons aux membres de la Communauté Icarienne d'y ajouter les dispositions réglementaires suivantes :

RÈGLEMENT.

Art. 1ᵉʳ. — C'est un devoir absolu pour tous les Icariens et toutes les Icariennes d'assister à l'Assemblée générale.

Art. 2. — Un empêchement absolu peut seul en dispenser.

Art. 3. — Une maladie, une absence forcée pour un service public, peuvent seules être un empêchement légitime.

Art. 4. — Les nourrices même devront y assister dès que l'on aura pu prendre les mesures nécessaires pour que la chose leur soit possible. En attendant, la Gérance prendra les mesures convenables pour qu'elles connaissent ce qui se sera passé dans l'Assemblée.

Art. 5. — Les membres qui ne parlent pas français ne seront pas exemptés d'assister à l'Assemblée ; mais la Gérance prendra les mesures nécessaires pour qu'ils connaissent tout.

Art. 6. — Celui qui se trouve dans l'impossibilité d'assister, doit, autant que possible, faire prévenir le Bureau ou la Gérance.

Art. 7. — Chacun doit se rendre exactement à l'heure indiquée.

Art. 8. — La séance doit s'ouvrir régulièrement à heure fixe.

Art. 9. — Les femmes, les admis provisoirement, les jeunes gens, les admis définitivement, ont des places séparées.

Art. 10. — Les femmes ont une porte particulière pour l'entrée et la sortie.

Art. 11. — En entrant, chacun doit occuper une des places vides qui sont les plus près du Bureau.

Art. 12. — Personne ne doit rester debout, ni près du poêle.

Art. 13. — Chaque séance commencera par l'appel nominal. Les absences seront constatées au procès-verbal, approuvées ou désapprouvées par l'Assemblée dans la même séance ou la séance suivante.

Art. 14. — Les neuf-dixièmes des membres présents sur les lieux et non empêchés sont nécessaires pour commencer une discussion ou une élection.

Art. 15. — Toutes les propositions de loi doivent être rédigées, motivées, communiquées à la Gérance, lues publiquement et mises à l'ordre du jour huit jours au moins avant la discussion.

Art, 16. — Les affaires d'*Administration* et toutes les questions *urgentes* sont exceptées de cette règle.

Art. 17. — En cas de réclamation, la majorité des trois quarts sera nécessaire pour la déclaration d'urgence.

Art. 18. — Chacun pourra demander une discussion générale avant la discussion de chaque article.

Art. 19. — Chacun doit être découvert en parlant.

Art. 20. — Personne ne peut s'abstenir de voter, ni sur l'appel nominal, ni par assis et levé, ni par main levée.

Art. 21. — Chacun doit exprimer et motiver son opinion quand un autre membre désire la connaître.

Art. 22. — Personne ne peut s'abstenir de voter dans une élection.

Art. 23. — Le vote sur l'ensemble d'une loi aura toujours lieu par l'appel nominal.

Art. 24. — Il pourra avoir lieu de la même manière sur un ou plusieurs articles particuliers, quand il sera demandé par le Président de la Communauté ou par dix membres qui se lèveront à cet effet.

Art. 25. — Les votes sont publiés.

Art. 26. — Le vote se fera toujours à la majorité absolue toutes les fois qu'une loi spéciale n'exige pas une majorité plus forte.

Art. 27. — En cas d'élection, quand aucun candidat n'obtient la majorité absolue au deuxième tour de scrutin, l'élection se fait au troisième tour, par ballotage entre les deux candidats qui ont obtenu le plus de voix au deuxième.

Art. 28. — L'élection des deux Vice-Présidents de l'Assemblée et des trois Secrétaires, pourra avoir lieu par assis et levé ou par main levée.

Art. 29. — Un étranger ne pourra assister à l'Assemblée qu'avec l'autorisation du Président de la Communauté.

Art. 30. — La Gérance aura une table séparée auprès de celle du bureau de l'Assemblée.

Art. 31. — Six commissaires désignés à tour de rôle pour un mois, choisissant un directeur, sont chargés de veiller à l'ordre dans le placement des membres, de constater les entrées tardives et les sorties, ainsi que les votes et les abstentions et toutes les infractions au présent règlement. Le Directeur rédigera un rapport, qui sera annexé au procès-verbal et lu avec celui-ci à l'Assemblée.

Art. 82. — Deux des six Commissaires aideront le Commissaire du réfectoire à disposer la salle avant et après la séance.

Art. 33. — Il y aura un règlement particulier pour la disposition de la salle, sa préparation, son chauffage, son éclairage, etc.

Fait à Nauvoo, le 3 mars 1855.

Ce projet, discuté dans trois séances de l'Assemblée générale, est enfin voté, le 22 avril, par appel nominal, et adopté par 129 oui contre 2 non, et devient le règlement de notre Assemblée générale, en remplacement de celui du 30 janvier 1851.

ÉCOLES ICARIENNES.

L'éducation est très difficile pour nous avec des enfants de tous âges, dont beaucoup, forcément négligés et presque abandonnés à eux-mêmes, comme le sont forcément et généralement les enfants d'ouvriers, nous arrivent sans aucune instruction et avec plus ou moins de mauvaises habitudes : cependant nous pouvons remarquer dans nos écoles des améliorations et des progrès satisfaisants sous tous les rapports.

L'*Instruction* consiste dans : la lecture, — l'écriture, — le dessin, — la grammaire, ou la connaissance de la langue française, — l'anglais, — la géographie élémentaire, — les éléments d'histoire, — l'arithmétique, — la géométrie élémentaire, — la musique.

Nous voulons leur faire connaître principalement les éléments de l'*Histoire naturelle* dans toutes les choses pratiques et usuelles, sur les industries, les métiers, outils, machines, etc.; car c'est une partie essentielle de l'instruction. — Mais, il faut des livres, des instruments, c'est-à-dire beaucoup d'argent pour tout ce qui est nécessaire dans une école bien organisée, et nous ne pouvons marcher que graduellement et lentement. Plus tard, nous ferons un appel à la générosité de tous les amis de l'enfance, pour qu'ils nous aident à nous procurer tout ce qui est nécessaire à l'école.

Les garçons, comme les filles, font tous leurs petits *travaux de ménages*. Dès que nous pourrons avoir les emplacements nécessaires, ils feront leur cuisine, leur blanchissage, etc., en sorte que les deux écoles se suffiront par leur travail, et formeront une Communauté d'enfants qui deviendra tout naturellement une grande Communauté d'hommes et de femmes parfaitement préparés pour tous les besoins et tous les travaux de la Communauté.

Les plus grands des garçons aident les citoyens pour le travail de l'agriculture, pendant les semailles, les récoltes, etc. — Les filles aident pour quelques-uns des travaux ; pour la cuisine, le nettoyage des légumes, etc. Elles ont un *atelier de couture ;* dans lequel, sous la direction de plusieurs citoyennes elles confectionnent des vêtements d'hommes et de femmes pour les trois écoles.

En outre, les filles ont, chaque semaine, fait les adresses et plié les feuilles pour les journaux américain, allemand et français, fait du carton, plié et collé toutes nos brochures.

Quant à l'Éducation proprement dite, voici le Règlement pour les deux écoles :

RÈGLEMENT POUR LES ÉCOLES.

Devoir des enfants.

Article 1er. — C'est un devoir pour chaque enfant :

1° D'aimer et respecter son père et sa mère ;

2° D'aimer ses frères et sœurs ;

3° D'aimer ses camarades comme des frères et des sœurs ;

4° De respecter les personnes chargées de son éducation et de son instruction, et d'avoir pour elles de la reconnaissance ;

5° D'aimer la Communauté qui le protége, et veut son bonheur ;

6° De respecter les pères et mères de ses camarades, comme il désire que ses camarades respectent son père et sa mère ;

7° D'être honnête et poli envers tous les Membres de la Communauté et envers les Étrangers ;

8° D'être particulièrement respectueux et prévenant envers les femmes, les jeunes filles et les vieillards ;

9° D'être vrai, sincère, franc et loyal, sans jamais mentir ;

10° De reconnaître et d'avouer courageusement une faute commise avec la résolution de ne pas la répéter ;

11° D'être docile et obéissant envers les personnes chargées de le diriger ; car l'obéissance est absolument nécessaire et la désobéissance est une faute absolument intolérable ;

12° D'être attentif aux paroles qui lui sont adressées ;

13° D'observer le silence à l'école, au réfectoire, au dortoir, dans toutes les réunions de la Communauté.

14° De prendre même l'habitude de ne pas crier et de ne pas parler trop haut.

15° Surtout de ne jamais faire un bruit inutile qui puisse incommoder quelqu'un ;

16° De prendre l'habitude de la propreté sur sa personne et sur ses vêtements, en tout et partout ;

17° D'être soigneux et économe ;

18° De prendre l'habitude de l'ordre et de la discipline ;

19° D'observer tous les Règlements ;

20° De se soumettre, sans murmure, aux punitions qui pourront leur être infligées ;

21° De prendre pour règle de toutes ses actions ce précepte :

Ne fais pas à un autre ce que tu ne voudrais pas qu'il te

fit. — Au contraire, agis envers autrui comme tu voudrais qu'il agît envers toi-même?

22° De se demander toujours avant d'agir : Voudrais-tu qu'un autre fît cela contre toi ? — Ne voudrais-tu pas qu'un autre fît cela pour toi ?

23° De prendre l'habitude de réfléchir, afin de pouvoir toujours expliquer, motiver et justifier tous ses actes.

Art. 2. — *Il est défendu :*

1° De jeter des pierres ;

2° De faire du mal aux animaux ;

3° De s'éloigner de la surveillance de ceux qui sont chargés de surveiller ;

4° De sortir de l'enceinte de l'école sans autorisation spéciale ;

5° De passer par dessus la clôture ;

6° De prendre des fruits ;

7° De manger des fruits verts.

TRAVAUX DE MÉNAGE.

Art. 3. Les enfants doivent faire, dans l'école, tous les travaux de ménage qu'ils peuvent faire suivant leurs forces, comme :

1° Faire leurs lits ; — 2° Nettoyer leurs habits et leurs chaussures ; — 3° Se peigner ; — 4° Se laver ; — 5° Balayer le dortoir et l'école ; — 6° Faire le feu ; — 7° Aller chercher le combustible, l'eau, les aliments ; — 8° Servir, desservir et nettoyer les tables ; 9° Nettoyer ou reporter la vaisselle.

Art. 4. — Ils doivent prendre l'habitude de tout faire avec activité et le mieux possible.

Art. 5. — Le service est distribué pour chaque semaine entre les plus grands : deux sont chargés de balayer le dortoir, le Réfectoire et les Classes ; d'essuyer, de nettoyer et de tout mettre en ordre. — Deux sont chargés de nettoyer la chaussure pour tous. Deux sont chargés d'avoir l'eau et le chauffage, d'allumer le feu, de servir et desservir les tables.

TRAVAUX MANUELS.

Art. 6. — Il faut habituer les enfants à tous les petits travaux manuels qu'ils peuvent exécuter, notamment à faire : — des corbeilles, paniers, etc. ; — des nattes de joncs — des chapeaux de paille ; — des chaussons de lisière ; — des filets ; des travaux de terrassement ; — de jardinage ; — d'agriculture, de récolte.

Art. 7. — Les petites filles seront particulièrement exercées aux travaux de lingerie et de couture ; — filature et tricot ;— ménage et cuisine.

ÉLÈVES SOUS-DIRECTEURS.

Art. 8. — Pour les travaux de ménage et autres, pour l'étude, pour les récréations et les promenades, chacun des plus grands et des plus raisonnables pourra être chargé, sur sa responsabilité, d'en diriger plusieurs autres, de les aider, de les instruire, de les guider et de faire un rapport sur leur conduite.

Art. 9. — Ces surveillants doivent donner le bon exemple de tout.

Art. 10. — Ils doivent diriger les plus jeunes avec douceur et fraternité, et en même temps avec fermeté ; c'est un devoir pour eux ; ils sont responsables.

Art. 11. — Les plus jeunes doivent les écouter avec déférence.

CONDUITE DANS LES CLASSES.

Art. 12. — Chaque élève doit : 1° entrer en classe au signal convenu. — 2° Y entrer sans bruit, en y marchant doucement.

— 3° Y conserver sa blouse. — 4° Y déposer sa coiffure et rester tête nue. — 5° S'asseoir à l'instant. — 6° Étudier sans perdre de temps. — 7° Ne se livrer à aucun jeu pendant la leçon. — 8° Ne causer aucun dérangement à ses voisins.

ORDRE, SOIN, PROPRETÉ.

Art. 13. — Chaque élève doit : 1° Soigner ses livres, cahiers, etc. — 2° Couvrir son encrier. — 3° Soigner et replacer ses jeux. — 4° Éviter soigneusement de salir ou déchirer et gâter ses vêtements ; — de se traîner par terre ;— de courir sur les bancs ; — de marcher sans nécessité dans la boue ou la poussière.

Art. 14. — Il faut faire de fréquentes inspections pour constater les manques de soin et de propreté.

BONNES ET MAUVAISES HABITUDES.

Art. 15. — Les enfants doivent éviter les habitudes gênantes pour soi ou désagréables pour les autres, et prendre les habitudes contraires.

Art. 16. — Ils doivent prendre l'habitude : de ne pas manger ni boire hors des repas ; — de ne pas trop manger ni boire ; — de manger de tout sans répugnance pour aucun aliment.

Art. 17. Ils doivent aussi prendre l'habitude de ne jamais entrer dans une habitation sans avoir nettoyé leurs chaussures; — de n'y pas faire de bruit ; — de fermer les portes ; — de les ouvrir et de les fermer sans bruit.

PROMENADES. — SORTIES.

Art. 18. — Les promenades se feront en rangs par deux ou par trois.

Art. 19. — Il y aura toujours un surveillant-directeur, qui se tiendra hors des rangs

Art. 20.—Dans les rangs, on ne peut causer qu'à voix basse. — On ne doit quitter les rangs que quand le Directeur en donne le signal. — On ne doit pas s'éloigner du surveillant. — On doit reprendre les rangs dès qu'il le demande. — Le surveillant est responsable. — Il doit faire un rapport pour signaler les infractions et les désobéissances.

Art. 21. — Tout ce qui précède est applicable toutes les fois que plusieurs enfants ont à sortir ensemble, de l'École, pour aller prendre des leçons ailleurs, ou pour de petits travaux, ou pour des réunions dans l'intérieur de la Communauté. — Soit en allant, soit en revenant, ils ne doivent ni quitter les rangs, ni faire de bruit, ni s'arrêter, ni se détourner de leur route.

25 Juillet 1853.

Le Président de la Communauté,

CABET.

RÈGLEMENT POUR LA POLITESSE.

Vu les numéros 3, 4, 6, 7 et 8 de l'article 1er du Règlement des Écoles du 25 Juillet 1853, ainsi conçu :

Art. 1er. — C'est un devoir pour chaque enfant : 1° D'aimer ses camarades comme des frères et des sœurs ; 2° De respecter les personnes chargées de son éducation, et d'avoir pour elles de la reconnaissance ; 3° De respecter les pères et mères de ses camarades comme il désire que ses camarades respectent son père et sa mère ; 4° D'être honnête et poli envers tous les membres de la Communauté et envers les étrangers ; 5° D'être particulièrement respectueux et prévenant envers les femmes, les jeunes filles et les vieillards.

Considérant que la politesse fraternelle envers les camarades et la politesse respectueuse envers les Directeurs de l'école, les membres de la Communauté et les étrangers, doit s'exercer et se manifester par des actes extérieurs ;

Considérant que les manifestations de politesse fraternelle, bienveillante, affectueuse et respectueuse, sont un des agréments et des charmes de la vie sociale ou commune ; et qu'il importe d'en faire prendre l'habitude aux enfants dans leur intérêt comme dans celui de la Communauté ;

Après en avoir conféré avec les Directeurs et Instituteurs des Ecoles ;

Le Président de la Communauté arrête ce qui suit :

Art. 1er. — Les enfants exerceront ou pratiqueront entre eux la politesse en se disant bonjour et en se donnant amicalement la main ; 2. En abordant leurs maîtres ou les membres de la Communauté, ou des étrangers visiteurs, ou en passant devant eux, ils doivent se découvrir et saluer en signe de respect ; 3. Quand ils leur parlent, ou que ceux-ci leur parlent, ils doivent rester découverts ; 4. Quand les visiteurs sont introduits dans la classe pendant la leçon, les enfants doivent, au signal du Maître, se lever sans bruit et rester debout jusqu'à ce qu'il leur fasse signe de s'asseoir ; 5. Ils doivent exécuter tout ce qui leur sera prescrit par les Maîtres pour la politesse envers les étrangers.

Fait à Nauvoo, le 21 novembre 1853,

Le Président de la Communauté,

CABET.

Ce règlement est affiché dans les Ecoles, lu souvent, pour le graver en quelque sorte, dans la mémoire des enfants.

Chaque semaine, un Rapport hebdomadaire indique au Président de la Communauté, la conduite de chaque enfant sur toutes les parties de l'éducation et de l'instruction.

Et chaque mois un bulletin mensuel imprimé, indique à chaque famille, la conduite de chaque enfant pendant le mois.

NATURALISATION DES ICARIENS.

Les Icariens, voulant s'établir définitivement dans les États-Unis d'Amérique, veulent tous se faire *naturaliser* citoyens américains. La naturalisation ne peut être acquise qu'après cinq années de résidence dans les États-Unis d'Amérique, dans un ou dans plusieurs de ces Etats. Pour l'obtenir, il faut: 1° avant trois ans, déclarer son intention de se faire naturaliser; 2° deux ans après, former une demande en naturalisation et prêter, devant une cour, serment d'obéissance à la Constitution des États-Unis. Plusieurs Icariens allemands, arrivés en Amérique depuis plus de cinq ans, étaient naturalisés avant d'entrer dans la Communauté. Soixante-trois autres Icariens, arrivés à Nauvoo le 15 Mars 1849, peuvent être maintenant naturalisés, ayant déclaré leur intention le 30 juillet 1852. Soixante et un le sont déjà, au nombre desquels se trouve le cit. Cabet.

Nous avons promis et juré de respecter la Constitution et les lois américaines, l'ordre et la paix publics, et nous serons fidèles à notre serment. En retour, nous jouirons désormais de tous les droits et priviléges des Citoyens américains.

JE SUIS CITOYEN AMÉRICAIN.

Me voici donc maintenant Américain, Citoyen américain, adoptant la République des États-Unis d'Amérique pour ma nouvelle patrie, protégé par sa puissance et par ses lois, personnellement intéressé à sa prospérité, à son honneur, à sa gloire, désirant vivement qu'elle puisse atteindre la perfection en tout et servir de modèle aux autres nations.

J'aurai titre désormais pour exprimer publiquement mes opinions et mes sentiments sur toutes les questions, pour signaler les erreurs et les abus, pour soumettre à l'opinion publique des observations puisées dans les expériences faites dans d'autres pays.

Mais, mes anciens amis ne me diront-ils pas, comme ils me l'ont déjà dit : « Quoi ! vous renoncez à la France, lorsque vos plus ardents adversaires y commencent généralement à vous rendre justice contre d'odieuses calomnies ; lorsque vous pouvez y obtenir des manifestations d'estime et de confiance de vos concitoyens ; lorsque votre dévouement pourrait devenir utile à votre patrie natale, et même à votre chère Icarie ! »

J'ai donc besoin de répondre à ces objections, et j'y réponds ; mais j'ai besoin aussi d'entrer dans quelques détails, que mes amis me pardonneront sans doute.

Je suis entré sur la scène politique dès 1815, pendant les Cent-Jours, sans autre ambition que celle d'exercer honorablement ma profession d'avocat-docteur en droit, d'occuper soit bientôt une chaire de législation, soit plus tard un siége dans la magistrature, et surtout de remplir mes devoirs de Citoyen, ami de l'ordre et des lois comme de la liberté. Par mes opinions et mes sentiments, j'étais démocrate et républicain, populaire et humanitaire.

Dès cette époque, j'aurais pu, si je l'avais voulu, être avocat-général ou substitut dans une Cour impériale ; mais je préférai me consacrer à la défense de mes Concitoyens ; et j'eus le bonheur d'en arracher un grand nombre, notamment le brave général Veaux, à la vengeance de la réaction royaliste de 1816.

Si j'avais été ambitieux, j'aurais cédé aux séductions du parti bourbonnien, qui prodiguait les places et les honneurs pour attirer dans ses rangs les hommes qu'il croyait pouvoir lui être utiles ; mais je préférai braver la persécution pour conserver ma concience et mon indépendance, et je fus alors interdit de l'exercice de ma profession d'avocat, comme Républicain, d'abord pendant trois mois, ensuite pendant un an.

En Juillet 1830, je pris part à la Révolution au péril de ma tête.

J'acceptai le poste de procureur-général en Corse, dans l'espérance que j'y pourrais être plus utile qu'ailleurs à la cause de la Liberté : mais la marche du Gouvernement devenant chaque jour plus anti-démocratique et anti-populaire, je me fis destituer.

Bientôt après, je fus élu par le département de la Côte-d'Or, mon pays natal, membre de la Chambre des Députés, où j'acquis bientôt la réputation d'être à la tribune l'organe le plus avancé de la Démocratie. Je devins alors Directeur de l'Association libre pour l'éducation du Peuple. Cette direction, le *Populaire* que je créai, plusieurs écrits que je publiai, notamment l'*Histoire de la Révolution de 1830*, et les discours que je prononçai à la tribune, attirèrent sur moi une nouvelle persécution.

Le lendemain de l'insurrection des 5 et 6 Juin 1832, Paris fut mis en état de siége, afin de pouvoir plus aisément se débarrasser des Députés dont l'opposition était la plus gênante, et l'on pensa d'abord à prendre LAFAYETTE et LAFFITTE, mais on s'arrêta à prendre Cabet, Garnier-Pagès et Laboissière ; et comme on avait répandu le bruit complètement faux, que je m'étais emparé d'une des mairies de Paris ainsi que d'une grande quantité d'armes et de munitions qui s'y trouvaient, que je les avais fait distribuer aux insurgés, et que j'avais ainsi fait tuer un grand nombre d'officiers et de soldats de la Garde nationale; si celle-ci m'avait trouvé chez moi, j'aurais été massacré ou fusillé quoique parfaitement innocent, car j'étais complètement étranger à l'insurrection et même opposé par principes au mouvement insurrectionnel. Aussi, quand, une heure après la levée de l'état de siége, je me présentai chez le procureur du roi pour lui demander la prison et des juges, l'une et les autres me furent refusés.

Peu après, je fus poursuivi devant la Cour d'assises, quoique Député, pour mon *Histoire de la Révolution de 1830*, considérée comme un acte d'accusation contre Louis-Philippe; mais je fus acquitté solennellement et triomphalement, en présence de soixante membres de la Chambre, venus pour témoigner publiquement de leur sympathie en ma faveur; mais peu de temps encore après, poursuivi de nouveau pour deux articles du *Populaire*, l'un en faveur de la République, l'autre en faveur des Polonais, dans lesquels je prophétisais la chute de Louis-Philippe, s'il persistait dans son funeste système anti-populaire, je fus condamné par un autre jury, et forcé de m'exiler pendant cinq ans en Angleterre.

Là, à Londres, m'enfermant dans mon cabinet comme dans une prison, cherchant à faire l'ouvrage le plus utile au Peuple et à l'Humanité, étudiant, travaillant nuit et jour, méditant sur le mal social, sa cause et son remède, j'arrivai au Communisme en passant par la République et la Démocratie; je rédigeai le *Voyage en Icarie*, et je pris la résolution de consacrer le reste de ma vie à la propagation du Communisme Icarien.

Rentré de l'exil en France, en 1839, je commençai une vaste propagande populaire, légale et pacifique, ayant pour but l'instruction et la moralisation du peuple; je publiai plus de quarante écrits à cet effet; je prêchai l'abandon des Sociétés secrètes conspiratrices, les principes de fraternité et d'égalité, de liberté jointe à l'ordre et d'ordre joint à la liberté, de tempérance et de modération; et la masse populaire accueillit avec enthousiasme cette propagande; et de tous côtés l'on m'écrivait qu'elle rendait plus de services à la Société que ne pouvait lui en rendre toute la machine gouvernementale; mais de tous côtés aussi arriva la persécution contre moi avec les calomnies, et j'eus à subir beaucoup de petits procès auxquels j'eus toujours le bonheur d'échapper. De la part du parti conservateur, c'était tout simple; mais malheureusement le parti révolutionnaire du *National* et de la *Réforme*, aveuglé par son impatience, fut peut-être plus ardent encore à me calomnier et à m'entraver.

Je pris alors la résolution de proposer aux Icariens l'émigration en Amérique dans les États-Unis, pour y fonder ensemble Icarie.

Je préparais tout pour le départ, j'avais fait deux voyages

dans ce but en Angleterre, et je venais d'acquérir plus d'un million d'acres de terres au Texas, lorsque je fus arrêté et poursuivi sous le prétexte que mon voyage au Texas n'était qu'une ruse et un mensonge pour masquer une conspiration et une insurrection avec les Icariens, qui n'étaient, disait-on, qu'une armée insurrectionnelle.

Cette accusation était si évidemment absurde que la poursuite fut abandonnée, après mon interrogatoire, et notre première avant-garde s'embarqua le 3 février 1848, vingt jours avant la Révolution.

Tant de persécutions pouvaient bien m'irriter ; et, si j'avais été vindicatif ou ambitieux, la Révolution de 1848 m'offrait une belle occasion pour tenter de satisfaire des sentiments d'ambition et de vengeance ; mais je ne pensai qu'à faire une proclamation adressée aux Icariens et au Peuple pour les exhorter à la générosité, au respect des personnes et des propriétés, au ralliement autour du gouvernement nouveau, au dévouement à la République, et à la Démocratie, en ajournant indéfiniment nos idées de Communauté. Cette proclamation, affichée presque partout en France, fut applaudie partout, et rendit un service tel que, dit Emile de Girardin dans la *Presse*, jamais peut-être la Société ne reçut un plus grand service.

Cependant, rien de tout cela n'empêcha de nouvelles calomnies et de nouvelles persécutions; et, pour comble de malheur et d'incroyable aveuglement, la calomnie et la persécution vinrent alors du gouvernement provisoire et révolutionnaire lui-même, proclamant la République et la Démocratie !

Un journal ministériel (l'*Akbar*) a prétendu que, au 17 mars, à la tête de plus de cent mille hommes du Peuple, j'ai tenu le Gouvernement provisoire en échec et tenté de me faire dictateur de la France, tandis que beaucoup de mes amis m'ont reproché de ne pas l'avoir fait; la vérité est que, si, en Mars comme en Février, j'avais été ambitieux et téméraire, j'aurais pu tenter l'entreprise; mais la chose était plus difficile qu'on ne le croit généralement, et d'ailleurs, je ne l'ai pas voulu,

Au 16 avril, le faux bruit ayant été répandu à dessein que j'étais au Champ-de-Mars, à cheval, à la tête de deux à trois cent mille Communistes pour renverser le Gouvernement, incendier et piller Paris, la Garde nationale armée (plus de cent mille hommes) parcourut les rues et les quais, et défila plusieurs fois sous les yeux du Gouvernement en criant : A bas les Communistes ! Mort à Cabet ! et l'on fit passer sous mes fenêtres un cercueil vide sur lequel était écrit : Cabet !

Puis le Gouvernement et la Réaction firent tous leurs efforts, et employèrent tous les moyens pour éloigner les Communistes des élections de la Garde nationale, et pour m'empêcher, moi personnellement, d'être élu représentant du Peuple afin d'avoir la parole en son nom. Sans ces manœuvres, ou si j'avais soigné ma candidature, mon nom, comme le disait un jour Emile de Girardin, est un de ceux qui seraient sortis avec le plus de suffrages de l'urne électorale ; mais les manœuvres gouvernementales et surtout les calomnies qui égaraient une partie du Peuple, firent préférer, à un vieil ami éprouvé, des hommes inconnus et sans influence.

Au 15 mai, deux des principaux fonctionnaires, intimes amis des membres du Gouvernement provisoire, firent envahir et violer mon domicile par une troupe nombreuse de la Garde nationale, et lancèrent contre moi un mandat d'arrêt, quoique je fusse encore complètement étranger et même opposé aux événements de la journée, comme cela fut constaté par la grande enquête judiciaire et législative qui fit connaître la vérité.

Lors de l'insurrection du 23 Juin, à laquelle j'étais toujours étranger et même opposé, les mêmes partis révolutionnaires et contre-révolutionnaires répandirent le bruit que j'étais à la tête des insurgés à la place de la Bastille, dans le faubourg Saint-Antoine, et que j'y avais fait élever la première barricade, calomnie qui m'aurait fait massacrer si j'avais été saisi chez moi ou ailleurs.

Enfin, assez heureux pour échapper à tous ces périls, je fus condamné par un Tribunal correctionnel à un mois de prison, sous prétexte que, le 15 Mai, on avait trouvé dans le bureau du *Populaire* quelques fusils oubliés là par des gardes nationaux de la campagne et oubliés aussi, à mon insu, par l'employé gardien du bureau.

A peine eus-je quitté la France, en décembre 1848, pour rejoindre les Icariens en Amérique, que je fus de nouveau l'objet de toutes les calomnies, répétées et répandues partout par les grands journaux révolutionnaires et contre-révolutionnaires : on disait notamment que je ne viendrais jamais en Amérique ; et je suis aujourd'hui Citoyen américain !

Bientôt même, en mon absence, on intenta contre moi l'accusation la plus absurde et la plus insensée, prétendant que je n'avais jamais eu l'intention de venir en Amérique, que je n'avais imaginé ce projet que pour tromper et dépouiller les Icariens en m'enrichissant de leurs dépouilles. Le ministère public soutint même que Nauvoo n'existait pas (parce qu'il ne l'avait pas trouvé sur sa carte) ; et maintenant je suis Citoyen américain à Nauvoo !!

Cette accusation était infamante et déshonorante ; c'était la mort morale demandée contre moi ; mais c'était aussi invraisemblable et incroyable qu'absurde, et néanmoins l'effet des calomnies répétées fut tel, que les quelques juges du Tribunal correctionnel me déclarèrent coupable d'escroquerie envers les Icariens et me condamnèrent à deux ans de prison et à la *privation de mes droits* de Citoyen français pendant cinq ans.

Mais je fis le voyage d'Amérique en France, en mai 1851, uniquement pour me présenter devant la Cour d'appel et lui demander en personne la réformation du jugement. Tout en persistant dans l'accusation, le procureur-général m'adressa publiquement de solennels remerciments au nom de la société pour l'immense service que j'avais rendu à celle-ci par ma proclamation du 25 février, et la Cour annula la condamnation précédemment prononcée contre moi par défaut pendant mon absence.

Ainsi, dans mon pays natal, en France, à Paris, après une longue vie d'abnégation et de dévouement, après ma proclamation du 25 février, criant au Peuple : Pas de vengeance ! respect à la propriété ! la Garde nationale a poussé contre moi le cri de : Mort à Cabet ! sous les yeux et avec la tolérance du gouvernement provisoire et dictatorial ! Puis un Tribunal m'a condamné comme escroc, sous prétexte que je n'avais jamais eu l'intention de fonder Icarie en Amérique.

Condamné comme escroc, moi qui, si j'avais été le moindrement cupide, pouvais profiter de tant d'occasions de m'enrichir régulièrement, moi qui.... Ah ! c'est une indignité ! Et si, à cause d'Icarie, l'histoire conserve mon nom, elle dira peut-être que ces cris de mort, ce cercueil, cette condamnation comme escroc, sont une honte pour Paris et pour la France....

Mais je puis en gémir sans m'en étonner, quand je me rappelle que Socrate a été condamné à mort comme *corrupteur de la jeunesse*, et que Jésus-Christ lui-même a été crucifié ou pendu comme un *séditieux*, un *révolutionna´   n corrupteur*, un *voleur*, un *blasphémateur ,   emi des hommes et des dieux !*

Puis enfin, après le 2 décembre, quand je me disposais à rentrer en Icarie, je fus expulsé, sans jugement, comme chef de l'école socialiste la plus populaire et la plus nombreuse; et je revins en Amérique.

Eh bien, dans ces circonstances, pourquoi aurais-je hésité à me faire naturaliser Citoyen américain, sous la protection des lois d'une grande et puissante République ?

Est-ce pour continuer à payer ma dette à ma patrie natale ? Je crois l'avoir payée, aussi bien qu'aucun autre, et souvent au péril de ma tête.

Est-ce dans l'espoir d'être élu,député français? j'aurais accepté en 1848 dans l'espoir d'être utile soit à la France, soit à Icarie; mais c'était l'affaire du peuple plus que la mienne; et le Peuple, trompé et égaré ne l'a pas voulu !

Est-ce dans l'espoir d'obtenir quelque jour, de mes Concitoyens mieux éclairés, quelque récompense des services que je puis leur avoir rendus ? Mais je n'ai fait que mon devoir, je n'ai agi que pour satisfaire ma conscience, et n'ai besoin d'aucun autre prix que le souvenir de ce que j'ai fait.

Est-ce dans l'espérance d'occuper quelque poste éminent au pouvoir ? Mais je n'ai jamais eu, et j'ai moins que jamais l'ambition des places et des honneurs. J'ai trop l'expérience des hommes et des affaires, mon pays est trop divisé, le Peuple a trop de préjugés, je connais trop peu d'hommes comme je voudrais les voir; le bien est trop difficile pour que je puisse me sentir la capacité d'être utile à la France.

Est-ce enfin pour mieux servir Icarie ? La servir est mon devoir, il est vrai; c'est ma tâche; c'est mon rôle; et, pour mieux le remplir, j'aurais fait bien des sacrifices en 1848; mais maintenant il est trop tard, et le seul moyen de lui être utile, c'est, à mes yeux, de me consacrer désormais à ses intérêts et à sa prospérité.

Voilà pourquoi, avec tous les Icariens mes frères, je viens de me faire naturaliser Citoyen américain.

Ce qui ne nous empêchera pas de faire toujours des vœux pour le bonheur de la France.

CABET.

CÉLÉBRATION DU SEPTIÈME ANNIVERSAIRE
DU
DÉPART
DE
LA PREMIÈRE AVANT-GARDE.

PRÉLIMINAIRES DE LA FÊTE.

Le matin du 3 février, la Colonie procéda à l'élection de trois des Membres de sa Gérance, et l'élection fut précédée d'un compte-rendu de la situation matérielle et morale de la Communauté, ainsi qu'il suit :

COMPTE MATÉRIEL. — INVENTAIRE.

L'inventaire, au 1er janvier 1855, présente :

Un actif de. . . . . $ 73,163, 58.
Un passif de. . . . . $ 8,377, 55.

Par conséquent un actif net de, $ 64,786, 03.

Cet inventaire, lu en Assemblée générale, reste affiché dans le Réfectoire.

Ainsi l'actif net de 1854 est. . . . $ 64,786, 03.
Tandis que l'actif net de 1855 était   48,051, 93.
L'excédant ou le bénéfice de 1854
   sur 1853 est donc. . . . . . . $ 16,734, 10.
ou fr. . . . .   87,855, 62.

Après ce compte-rendu, il est procédé à l'élection de trois Gérants.

Le Citoyen Cabet est réélu Président à l'unanimité.

RÉCEPTION CIVIQUE.

Avant cette élection, l'Assemblée a procédé à une importante cérémonie; *l'inscription civique* d'un jeune Icarien, Edouard *Maritz*, qui vient d'atteindre sa majorité.

Le Président de la Communauté lui a dit :

« Jusqu'à présent vous êtes entré, et vous avez demeuré dans la Communauté par la volonté de vos père et mère, disposant de vous, et vous dirigeant dans votre intérêt. Mais aujourd'hui vous jouissez de votre intelligence, de votre raison, de votre volonté, vous êtes non pas affranchi de reconnaissance, d'affection et de respect envers vos parents, mais de leur tutelle légale ; vous êtes émancipé, indépendant et libre, quant à l'exercice de vos droits sociaux et politiques ; vous pouvez discuter et voter suivant votre propre conscience ; vous pouvez, si vous le désirez, choisir une autre Patrie qui vous offrira une autre Constitution et d'autres lois.

« Cependant vous demandez votre admission dans notre Société, et nous le voyons avec plaisir, parce que vous nous paraissez avoir toutes les qualités Icariennes ; vous connaissez tout ce qui concerne Icarie ; ses principes, son organisation, sa Constitution, ses lois et règlements, son histoire et sa situation présente ; vous acceptez tout librement et volontairement, en parfaite connaissance de cause, sans répugnance et sans réserve. Nous allons consulter l'Assemblée. »

L'Assemblée, au nombre de 137 votans, admet à l'unanimité, Édouard *Maritz*, comme citoyen et membre de la Communauté.

PROGRAMME DE LA FÊTE.

Un énorme Programme, dans lequel notre imprimerie s'est distinguée, affiché au dedans et au dehors, a annoncé la fête avec la distribution de la journée du 3 février, l'Assemblée générale, le Banquet, etc., la soirée avec le spectacle.

AMÉLIORATION DANS LE SERVICE DES TABLES AU RÉFECTOIRE.

Depuis notre arrivée en Amérique, nous avions la même vaisselle, en fer battu, en tôle ou en ferblanc, souvent noircie et peu agréable ; chacun portait son gobelet et son couteau, ce qui avait beaucoup d'inconvénients. Depuis longtemps la Colonie désirait vivement une autre vaisselle et un service plus complet, mais le besoin d'économies la mettait dans la nécessité de s'interdire cette satisfaction. Sa situation plus prospère lui permet, enfin, de réaliser ce désir.

Nous avons fait venir de Paris un assortiment de soupières, de plats et de compotiers en fer battu, propres et brillants ; nous avons acheté des assiettes en faïence et des verres ; nous y avons joint des couteaux de table pour chacun, et de grands vases neufs en ferblanc pour le breuvage de chaque table ; en un mot, c'est un service neuf et complet qui commence au banquet du 3 février.

Cette amélioration, qui fera grand plaisir, aura, d'ailleurs, de grands avantages pour l'ordre et la facilité du service.

Nous aurions voulu des *nappes* pour ce jour de fête, mais nous n'avons pu en réunir assez pour toutes les tables ; et comme notre principe est pour tous ou pour personne, nous nous en sommes privés sans beaucoup de regrets.

Depuis longtemps nous désirions que nos tables fussent couvertes de toile cirée en place de nappes ; mais nous avons été forcés de nous en priver par raison d'économie : nous le ferons dès que nous le pourrons.

DESCRIPTION DU RÉFECTOIRE.

Notre Réfectoire, construit par nous en 1850, a 33 mètres de long du sud au nord, sur 10 mètres de large de l'est à l'ouest. Il y a 12 portes et 12 fenêtres. On y entre par la porte du côté de l'esplanade du Temple, et par d'autres quand il est besoin. On va dans la cuisine par deux portes et par l'une d'elles les plats sont apportés depuis la cuisine sur une espèce de long chemin de fer. Le pain est déposé dans et sur un grand buffet, et sur un autre petit buffet se trouve une fontaine avec de l'eau pour boire. — Le théâtre est au sud-est avec une salle qui en dépend au sud-ouest et contre la cloison de laquelle on pose les affiches de la Communauté.

Le plafond est supporté, au milieu, par 5 poteaux qui vont être transformés en colonnes.

Pour le banquet, 34 tables de 10 personnes sont disposées avec des bancs et des couloirs dans lesquels peut entrer un petit wagon portant la vaisselle. Une jolie pendule est placée au-dessus de la table de la Gérance.

36 musiciens, dont 14 enfants, et à côté 15 à 25 chanteurs, sont placés entre le théâtre et les tables.

Pour le spectacle, toutes les tables sont enlevées et dressées contre les murs, et tous les bancs sont placés en face du théâtre, tandis que la musique se place par côté dans la partie sud-ouest.

Et pour l'Assemblée générale, toutes les tables sont également enlevées. Le Bureau est sur une table élevée ; la table de la Gérance est dessous et devant la table du Bureau ; tous les bancs sont rangés demi-circulairement autour du Bureau ; les femmes sont à droite du Président, ensuite les admis provisoirement du côté du centre, puis tous les hommes admis définitivement.

Deux grands poêles, aux deux extrémités, chauffent la salle, et des chandelles l'éclairent dans toute son étendue.

DÉCORATIONS DU RÉFECTOIRE.

Des stores en toile portant des inscriptions Icariennes peintes à l'huile couvrent toutes les croisées, en se déroulant sur elles à volonté, tandis que des châssis ou cadres en bois, couverts de toile, garnissant tous les intervalles entre les portes et les croisées au-dessus d'elles, tapissent tous les murs, et portent des inscriptions également peintes à l'huile, avec des encadrements et une corniche peinte qui règne tout autour de la salle.

Ces inscriptions contiennent tous les principes Icariens et toutes les maximes utiles dans le but (ainsi qu'on va le voir), de les rappeler sans cesse aux Icariens et de les exposer aux regards des étrangers visiteurs, pour lesquels nous imprimons un catalogue dans les trois langues : française, anglaise et allemande, avec des numéros correspondants, et la liste de tous les ouvrages Icariens.

Ces inscriptions, qui ne sont pas encore complètes (et qui ne le seront peut-être que pour la fête du 4 juillet), sont peintes avec une élégance, un goût et une variété de couleurs qui produisent un effet agréable, surtout pour celles qui sont devant les fenêtres, où la lumière les rend plus brillantes.

Comme tous les stores et les cadres sont mobiles, nous pourrons les transporter dans l'Iowa quand nous y transporterons la Communauté.

En attendant, c'est dans le réfectoire ainsi décoré, et devant ces inscriptions si parlantes, que nous allons recommencer notre Cours Icarien.

Toutes les inscriptions n'étant pas achevées, j'hésitais à les laisser placer pour la fête, parce que les unes sans les autres ne peuvent produire qu'une faible partie de l'effet proposé ; mais j'ai cédé aux désirs qui m'ont été manifestés, et la vue des inscriptions déjà exécutées n'en a pas moins donné beaucoup de satisfaction. Voici ces inscriptions qui doivent faire le tour de la salle, dans un ordre aussi logique que possible. La toile de notre salle de spectacle sera probablement charmante quand elle représentera tous les Beaux-Arts.

INSCRIPTIONS.

—

DIEU,

OU ÊTRE SUPRÊME,

OU CRÉATEUR,

OU PROVIDENCE,

OU NATURE,

C'est : l'Inconnu, — l'Infini.
Nous aimons à considérer Dieu comme Père du Genre Humain,
L'Humanité comme sa Famille ;
Les Hommes comme ses Enfants et comme Frères,
liés entre eux par l'Amour Fraternel.

———

UNIVERS.

CIEL, — ASTRES,

INNOMBRABLES SOLEILS, — INFINI.

SYSTÈME SOLAIRE.

Soleil ; — Planètes ; — Comètes.

TERRE.

Son Origine ; — sa Composition ; — sa Forme ;
son Mouvement ; — Jour et Nuit ; — Saisons et Climats.

Terre ; — Eau ; — Minéraux ;
Végétaux ; — Animaux ; — Hommes.

———

HOMME.

Sa nature.

Instinct,
Intelligence, — Raison ;
Sympathique, — Sociable, — Perfectible.

SYMPATHIQUE.

L'homme naît généralement affectueux et bon ;

C'est une mauvaise Organisation Sociale qui le rend méchant ;

Une bonne Organisation Sociale corrigera ses défauts
et développera ses vertus.

SOCIABLE.

Peuplades ; — Peuples ; — Nations.

PERFECTIBLE

Par l'Expérience et l'Education.

PROGRÈS.

Découvertes et inventions ; — Sciences et Arts.

SOCIÉTÉ.

L'Association produit la Force.
Organisation sociale. — Deux systèmes.

1° *Individualisme ou Egoïsme* ;
2° *Socialisme ou Communisme* ;

COMMUNAUTÉ ICARIENNE.

C'est une société universelle, librement contractée, organisée
sur le principe de la Fraternité, avec toutes ses conséquences (Egalité, Solidarité, Liberté, Unité), et fondée sur
le mariage et la famille, sans propriété individuelle et sans
monnaies, sans dot et sans aucun privilége.

FRATERNITÉ

DES HOMMES ET DES PEUPLES.

Tous les hommes sont frères :
Famille nationale.
Famille humaine ;
Aime ton frère comme toi-même.

La Fraternité
est le résumé de tous les principes.

Elle est un principe
générateur de tous les autres principes.

Sa pratique pourrait rendre
toutes les lois inutiles.

Gravée dans les cœurs par l'éducation,
écrite partout.

PLUS DE GUERRE !

Paix universelle et perpétuelle !
Désarmement général !

TOUT EST LA :

Aime, avant tout, Dieu,
(C'est-à-dire la Justice, la Bonté, l'Amour, la Vie),
et aime ton frère comme toi-même.

Tout est là !

Ne fais pas à autrui ce que tu ne voudrais
pas qu'il te fît.

Fais aux autres ce que tu voudrais
qu'ils te fissent.

Si tu prends cette double maxime
pour règle de toutes tes actions,
Tu seras le plus sage et le plus
heureux des hommes.

———

ÉGALITÉ.

Non absolue, mais relative et proportionnelle.
De chacun suivant sa force ;
A chacun suivant ses besoins.
Egalité d'aisance, non de misère ;
de liberté, non d'esclavage ;
En élevant, non en rabaissant.

Les qualités physiques et intellectuelles sont un hasard,
comme la naissance.
L'aristocratie des muscles
ne serait pas plus juste
que l'aristocratie de naissance.

SOLIDARITÉ.

Assurance mutuelle et universelle :
chacun pour tous ;
tous pour chacun.

UNITÉ.

Tout à tous,
Rien à personne.
Chose publique ou commune.

LIBERTÉ.

Par la nature, tous sont également libres.
La Société a pour but de garantir
la liberté de chacun,
par la protection de tous.
Dans une Société bien organisée,
La Liberté est plus grande
que dans l'état de nature.
Il faut concilier la liberté de chacun
avec la liberté des autres.
La liberté de chacun est naturellement limitée
par le devoir de respecter la liberté des autres.
Personne n'a la liberté
de violer la liberté d'autrui.
Personne ne peut être libre
de violer un engagement volontaire.

ORDRE.

Point de liberté sans ordre.
Point d'ordre sans liberté.
La licence et l'anarchie
sont les ennemis
de la liberté.
Respect pour la loi.
Quand la loi est faite par le Peuple,
rien n'est plus sacré.
La Minorité doit céder à la Majorité.
La Majorité doit protéger la Minorité.

TRAVAIL.

Le Travail est un devoir imposé par la Nature.
Rien sans travail.
Celui qui ne veut pas travailler
ne doit pas manger.
Celui qui mange sans travailler
est un voleur.
Chacun doit travailler selon sa force.
La bonne volonté suffit.
Qui fait ce qu'il peut
fait ce qu'il doit.
Tout travail est une fonction.
Toute fonction est un travail.
Tous les travaux reconnus nécessaires
sont également honorables.
Point de travail fructueux sans organisation et sans ordre.
sans direction et sans discipline.

MARIAGE ET FAMILLE.

Purifiés et perfectionnés, ils sont la plus salutaire
des institutions sociales, et la plus nécessaire pour le bonheur
de la Femme, de l'Homme et des Enfants.

Rendus faciles pour tous
par la suppression de la misère et de la dot.
Garantis par l'éducation parfaite
des filles comme des garçons ;
Par la liberté complète dans le choix d'un époux ;
Par l'égalité des devoirs entre l'homme et la femme.
Divorce autorisé, s'il est nécessaire.

ÉDUCATION ICARIENNE.

Faire profiter la Génération actuelle de l'expérience
de toutes les Générations passées.
Communiquer les éléments de toutes les Sciences
et de tous les Arts.
Développer l'Intelligence.
Perfectionner l'Homme.
Rendre l'enfant heureux
pour sa confiance et sa docilité

RELIGION ICARIENNE.

Christianisme dans sa pureté primitive,
avec son principe de fraternité.
pour unique loi.

CULTE ICARIEN.

Etude et admiration de la Nature ;
Travail ; Pratique de la Fraternité.
Qui travaille prie.

VRAIE RÉPUBLIQUE.

La Communauté Icarienne
est
la vraie République
et
la vraie Démocratie.

ESPRIT PUBLIC.

Franchise. — Loyauté. — Sincérité. — Publicité.

Ne dites pas :

Que personne ne dise rien,

afin que tout le mal soit caché ;

Mais dites au contraire :

Que tout le monde dise tout,

afin qu'aucun mal ne puisse être inconnu.

PATIENCE.

Il faut labourer et semer

avant

de récolter.

Ni Rome, ni Paris,

ni Londres, ni New-York,

n'ont été l'ouvrage d'un jour.

L'époque de la fondation,

du travail et de la fatigue,

n'est pas

l'époque de la jouissance et du repos.

NÉCESSAIRE.

D'abord le Nécessaire *pour tous*,

puis l'Utile *pour tous*,

Enfin l'Agréable

pour tous également.

ÉCONOMIE.

Soin ; — Ordre ;

Frugalité ; — Tempérance.

Il faut

manger pour vivre,

et non

vivre pour manger.

L'Homme ne se nourrit pas
seulement de pain,
mais encore de Doctrine.

PAS D'ENVIE.

Parce que je suis bon et généreux
envers votre frère,
il ne faut pas
que vous soyez jaloux et méchant
envers moi.

INDULGENCE.

C'est le malade ou le vicieux
qui a besoin de médecin.

Réconcilie-toi avec ton frère :
Le plus tôt sera le meilleur.

Que celui qui n'a jamais fait aucune faute
jette la première pierre au coupable.

Paille et poutre :
On aperçoit la paille
dans l'œil du voisin,
Mais on ne voit pas la poutre
dans le sien.

PRINCIPES DIVERS.

Un principe est une boussole.

Ni médisance inutile,
Ni mensonge, ni calomnie, ni injure.

La propreté et la décence
Sont les devoirs de Fraternité.

Les qualités et les vertus,
la pudeur et la décence
sont la plus belle parure des femmes.

Respect inviolable des hommes,
pour la pudeur et la décence.

Les Icariens ont pris, devant le Monde,
l'engagement de ne plus tolérer d'ivrognes
parmi eux.

Plus de tabac !
Les Icariens disent : guerre au tabac !

Rien ne peut dispenser
d'être probe, honnête et loyal.

Bonne renommée
vaut mieux que ceinture dorée.

Un imprudent ami
peut faire plus de mal
qu'un ennemi.

Rien de plus dangereux
qu'un honnête homme crédule et faible,
instrument d'un fripon habile.

Un Icarien doit avoir le courage
de son opinion et de son devoir.

La disposition illégale
d'un objet appartenant à la Communauté
serait un vol.

La violation d'un engagement,
libre et volontaire,
serait un crime.

La critique est aisée
mais l'art est difficile.

La Théorie et la Pratique
sont bien différentes.

Nul n'est prophète
en son pays.

Aide-toi, le Ciel t'aidera.

THÉATRE.

Sur la toile du théâtre on lit :

Amuser

pour unir, instruire et moraliser.

Dans la Communauté Icarienne,
tous les Beaux-Arts glorifient
la Fraternité, l'Égalité, la Liberté
pour le plaisir et le bonheur
de tous également.

Le contour de la toile contiendra plusieurs groupes représentant chacun des Beaux-Arts : la Musique, la Peinture, la Sculpture, etc.

BANQUET.

Quelques minutes avant trois heures, la salle étant fermée, toutes les tables se trouvent servies et garnies chacune d'un dindon rôti, d'un riz au lait épais et froid, et d'un plat de jambon orné de gelée.

A deux heures, les enfants des deux écoles, une trentaine de petites filles et une trentaine de petits garçons, sont introduits et placés au centre. Les tables du côté de l'Ouest sont réservées pour les mères avec leurs petits enfants.

Cinquante à soixante musiciens et chanteurs, hommes et enfants, qui ont pris quelques aliments auparavant, et qui vont jouer ou chanter pendant les trois heures du Banquet, sacrifient leurs places, et ne dîneront qu'après les autres.

A trois heures précises, les portes s'ouvrent, et chacun prend place sans désordre et sans tumulte.

La musique ouvre le Banquet par un air national. Alors, le Président de la Communauté, fondateur d'Icarie, prend la parole à peu près en ces termes :

« Chères Citoyennes et chers Citoyens,

» Nous sommes réunis aujourd'hui pour célébrer le septième anniversaire du départ de notre première Avant-Garde Icarienne.

Ce départ est, en effet, un événement mémorable, qui prendra place non seulement dans l'histoire d'Icarie, mais aussi, nous l'espérons, dans l'histoire de l'Humanité ; car, ce n'est pas pour elle et pour nous seulement que cette première Avant-Garde s'est élancée sur l'Océan ; c'est encore par dévouement à la cause du genre humain tout entier.

» Depuis bien des siècles, en effet, le genre humain est accablé de toutes les misères, sans qu'une multitude de révolutions politiques aient pu y mettre un terme ; et presque partout, dans ces derniers temps, l'on a pensé que ces malheurs avaient pour cause un vice radical dans les organisations sociales, et que le remède ne pouvait se trouver que dans une meilleure organisation des sociétés, et dans une espèce de régénération humanitaire.

» Comme beaucoup d'autres, je me suis attaché à l'étude de cette question, surtout pendant mon exil en Angleterre, et j'ai vu clairement que la grande cause du mal était la *misère*, et l'*ignorance* de la masse des prolétaires ou des travailleurs, longtemps réduits en esclavage, et je suis devenu profondément convaincu que le remède était dans la suppression de la misère par l'établissement du bien-être général dans la Communauté, basée sur la Fraternité et l'Égalité, entraînant nécessairement la Liberté.

» C'est alors que je rédigeai mon *Voyage en Icarie*, pour présenter un plan communautaire, et que je consacrai le reste de mon existence à la propagation de la doctrine Icarienne, préférant la réforme pacifique à la révolution violente.

» Je vous exhortai tous, vous et vos camarades, à la réflexion, à l'étude, à l'instruction, à la moralisation, à l'abandon des sociétés secrètes conspiratrices et du cabaret, ainsi que de toutes les autres mauvaises habitudes, et surtout à la pratique de la Fraternité; et ce sera votre immortel honneur d'être entrés avec enthousiasme dans cette voie d'instruction, de moralisation et de fraternisation.

» Si le Gouvernement nous avait permis d'essayer notre système en France, nous l'aurions fait légalement et pacifiquement, à nos risques et périls, dans l'intérêt universel. Mais la politique ne nous permettant aucune expérience, je vous proposai une gigantesque entreprise, l'émigration en Amérique, à travers l'Océan, pour fonder une Communauté dans le désert; et ce sera encore votre éternel honneur d'avoir répondu avec enthousiasme à ce nouvel appel, par dévouement à l'Humanité.

» Je ne vous ai rien dissimulé, ni les privations et les gênes, ni les fatigues et les dangers : mais votre courage et votre énergie ont tout accepté; et dès les premiers jours de 1848, la première Avant-Garde, composée de 69 hommes, a résolument préparé son départ.

» Le 29 janvier 1848, nous partons de Paris pour le Havre (car je les accompagne avec la Commission d'admission et de préparation), dans le costume Icarien (tunique en velours noir et chapeau en feutre gris).

» Une foule immense, attendant les partants à la vaste gare du chemin de fer, les applaudit en leur criant au revoir !

» Au Havre, pendant trois jours, nous nous réunissons tous les soirs pour nous bien expliquer et pour tout organiser.

» Puis, dans la nuit du 2, je propose l'engagement suivant :

» ENGAGEMENT ICARIEN.

» Persistez-vous à déclarer que vous connaissez parfaitement le système, la doctrine, les principes de la Communauté Icarienne? — Oui ! s'écrient-ils.

» Persistez-vous à les adopter de toute la force de votre conviction? — Oui, oui !

» Adoptez-vous surtout le principe de la Fraternité des hommes et des peuples, et toutes ses conséquences? — Oui ! répondent-ils avec plus de force.

» Vous sentez-vous la force et l'inébranlable volonté de vous dévouer à la réalisation de la Fraternité et de la Communauté? — Oui, oui !

» Vous dévouez-vous pour l'intérêt et le bonheur des femmes, des enfants, des masses opprimées par la misère et l'ignorance? — Avec transports! Oui, oui !

» Acceptez-vous le titre de Soldats de l'Humanité, avec tous les devoirs que ce titre vous impose? — Avec une ardeur croissante: Oui, oui !

» Êtes-vous résolus à supporter toutes les fatigues et toutes les privations, à braver tous les dangers dans l'intérêt général et commun? — Avec enthousiasme: Oui, oui, oui !

» Êtes-vous bien convaincus que votre premier intérêt et votre premier devoir envers la Communauté sont: l'union, la concorde, la tolérance et l'indulgence des uns envers les autres, l'ordre, la discipline et l'unité? — Tous ensemble: Oui, oui !

» Êtes-vous bien décidés à tout sacrifier à cette nécessité de la discipline et de l'unité? — Oui, oui !

» Vous adoptez-vous sincèrement pour frères, et vous engagez-vous fermement à pratiquer la Fraternité, à vous aimer, à vous secourir, à vous aider, à vous dévouer réciproquement comme des frères? — Avec enthousiasme: Oui, oui !

• Jurez-vous de rester à jamais fidèles au drapeau d'Icarie, de l'Humanité, de la Fraternité et de la Communauté? — Avec un redoublement de force et les mains tendues: Nous le jurons!

« Acceptez-vous complètement, sans répugnance, sans arrière-pensée, le contrat social, publié dans le *Populaire* du 25 septembre 1847? — Tous ensemble: Oui, oui!

« Acceptez-vous la Gérance unique, et consentez-vous à me la confier pour dix ans? — Avec une chaleur toujours croissante: Oui, oui!

» Votre acceptation est-elle à vos yeux une véritable élection? — Oui, une élection!

» Jurez-vous de vous soumettre à la direction du Gérant, comme je jure de consacrer toute mon existence à la réalisation de la Communauté sur la base de la Fraternité? — Tous ensemble, en tendant les mains: Oui, nous le jurons! »

Il est presque impossible de rendre fidèlement cette scène, qui sera l'une des plus mémorables dans l'histoire d'Icarie. Il est deux heures du matin, et l'on croit partir à six heures. C'est donc le moment suprême. A chaque question, écoutée dans un religieux silence, il est répondu par des cris unanimes, au milieu de transports d'enthousiasme.

Puis enfin, le 3 au matin, la première Avant-Garde part en chantant l'air du départ Icarien, accompagné de milliers de vœux qui la suivent sur l'Océan.

Après la lecture de cet engagement Icarien, le Président de la Communauté ajoute :

« Il y a 7 ans, à pareil jour, que cette première Avant-Garde voguait vers les rivages américains. Si nous en avions du regret aujourd'hui, nous ne célébrerions pas cet anniversaire; mais nous sommes réunis ici pour le célébrer, et cette réunion me comble de joie, car elle prouve que nous persévérons dans nos principes, dans notre mission, dans notre courage et dans notre dévouement à la cause de l'Humanité. »

Après ce discours, 22 toasts sont prononcés dans l'ordre réglé par le Président. Chaque orateur parle de sa place; mais une autre fois, une tribune sera disposée au centre pour y prononcer les discours.

Tous ces toasts sont séparés par une dizaine de morceaux de charmante musique, par trois chœurs d'hommes et d'enfants, et par une hymne à la Fraternité chantée par les petites filles ; et presque tous sont couverts d'applaudissements, ainsi que la musique et les chants.

DEUXIÈME PARTIE

COMPTE-RENDU

PAR

LE PRÉSIDENT DE LA COMMUNAUTÉ ICARIENNE

À L'ASSEMBLÉE GÉNÉRALE,

SUR

LA SITUATION DE LA COLONIE.

A la fin du premier semestre 1855.

OBSERVATIONS GÉNÉRALES ET PRÉLIMINAIRES.

Conformément à la Constitution Icarienne, je vais rendre compte à la Communauté de sa situation *personnelle, matérielle et morale*, après les six premiers mois de 1855.

Presque tous ceux qui viennent visiter la Colonie expriment leur étonnement de voir ses progrès, son développement après si peu d'années; ses constructions, ses ateliers et son industrie, son agriculture et ses bestiaux, son réfectoire et ses jardins, ses écoles et ses heureux enfants, ses travailleurs ou ses citoyens, qui paraissent unis entre eux comme des frères.

Quelques-uns de ces visiteurs et quelques-uns des organes de la presse, parlent de la Colonie Icarienne comme de l'entreprise la plus gigantesque, conçue et exécutée dans l'intérêt de l'Humanité.

Et quand on considère que la Colonie a pour but, en effet, d'essayer le système d'organisation sociale le plus capable d'assurer le bonheur du Genre Humain, peut-on s'empêcher de dire que l'entreprise est gigantesque ?

Quand on considère que les membres d'Icarie sont tous associés, tous citoyens libres et indépendants, tous frères et égaux en droits et en devoirs, en jouissances et en charges, sans priviléges pour personne, sans riches ni pauvres, avec le mariage, la famille et l'éducation pour tous, peut-on s'empêcher de dire que c'est le système le plus avancé sur la route des améliorations sociales ?

Et quand on considère que, malgré d'innombrables obstacles, Icarie subsiste depuis six ans, tandis que presque tous les autres essais du même genre ont succombé ; qu'elle s'agrandit chaque année en personnel et en matériel ; qu'elle fait continuellement des acquisitions nouvelles ; et notamment qu'elle fonde un nouvel établissement dans l'Iowa ; peut-on s'empêcher de reconnaître que la Communauté est en progrès ?

Cependant, je le déclare nettement, je ne suis pas content......

C'est peut-être parce que, Fondateur d'Icarie, responsable en quelque sorte de son succès, connaissant mieux que personne tout ce qui manque à sa réalisation, je suis plus difficile et plus exigeant que personne.

Je déclare néanmoins tout de suite que, pour moi, notre expérience est décisive ; que la Communauté me paraît indubitablement réalisable ; et que son succès complet n'est plus qu'une question de moyens, de temps et d'administration.

Néanmoins, je le répète, je ne suis pas content. Je trouve que nous ne connaissons et que nous ne pratiquons pas assez les principes ; que nous n'avons pas assez de dévouement et de fraternité, d'ordre et d'économie, d'esprit public et de solidarité.

Je veux dire toute la vérité et faire connaître toutes mes opinions, tous mes sentiments, pour le dehors comme pour le dedans ; et, pour être plus libre, plus indépendant, plus hardi, pour mettre ma parole à la hauteur de ma responsabilité morale vis-à-vis tous les Icariens et même tous les démocrates, je m'expliquerai comme Fondateur plus encore que comme Président de la Colonie.

Fatigué, souffrant, aspirant au repos, et retenu seulement par la conscience du devoir, mes explications auront, à mes yeux, quelque chose de solennel.

Je désire, je voudrais ne blesser personne par l'expression; mais, inspiré, entraîné, par la considération de l'intérêt général, je veux, avant tout, dire tout ce que je crois utile et nécessaire.

DEUX MOTS SUR LE COMMUNISME ICARIEN.

Vous le savez tous, le Communisme Icarien est une des choses les plus graves et les plus dignes d'attention ; car c'est le système d'organisation sociale que, après de longues méditations, nous avons cru et que nous croyons le plus propre à garantir le bonheur de l'Humanité.

Que, dans tous les temps et dans tous les pays, une multitude de vices et de crimes, de révolutions et de guerres, aient fait le malheur du Genre Humain, c'est un fait aussi incontestable que manifeste : le *mal* est certain.

Pour nous, le remède ne peut être que dans la suppression de la misère, et la misère ne peut être supprimée que par l'Association ou la concentration des efforts, par la mise en commun de toutes les ressources, par l'augmentation de productions, par l'ordre, l'économie et la modération dans les jouissances ; par la Communauté universelle de biens, basée sur la Fraternité et l'Egalité, sur la Solidarité et l'Unité, sur l'Education et le Travail, sur le Mariage et la Famille purifiés et perfectionnés.

Ce système Icarien (1), vous le savez, je l'ai exposé dans le *Voyage en Icarie*, dans le *Vrai Christianisme*, dans plus de quarante écrits et dans un journal, le *Populaire*, dans lesquels j'ai réfuté toutes les objections : et le succès de ma propagande icarienne pendant dix ans a été si prodigieux que, de simples démocrates, ou même révolutionnaires que vous étiez,

____

(1) Appelé *Icarien*, parce qu'il est exposé dans l'ouvrage intitulé : *Voyage en Icarie.*

vous et la masse ouvrière, vous êtes devenus Communistes Icariens, et vous avez adopté tous mes principes de Fraternité, de Moralité, de Générosité et de Communauté.

Nos adversaires, vous devez vous le rappeler, reconnaissaient eux-mêmes que ce système Icarien était magnifique, et se bornaient à soutenir qu'il était trop beau pour être réalisable, surtout aujourd'hui.

Pour détruire cette objection, j'ai résolu de tenter la réalisation, en convertissant la théorie en pratique.

Si le gouvernement de Louis-Philippe m'avait aidé ou seulement toléré dans une expérience d'un intérêt si universel ; si j'avais pu tenter cette expérience en France, en y faisant tous les préparatifs nécessaires sans rien précipiter, j'aurais eu tous les moyens désirables en matériel, en personnel, en argent, et, je n'en ai pas le moindre doute aujourd'hui, le succès aurait été certain pour l'entreprise la plus féconde, peut-être, en résultats décisifs pour le salut de l'Humanité.

Mais la persécution me contraignit à vous proposer une grande émigration en Amérique, pour y venir fonder une Colonie Icarienne ou la Communauté d'Icarie ; et vous vous rappelez certainement l'enthousiasme avec lequel vous accueillîtes ma confidence ou ma proposition d'émigration.

DEUX MOTS SUR L'ÉMIGRATION OU LA COLONIE ICARIENNE.

Notre émigration, notre Colonie, ne ressemblent donc à aucune autre.

Ce n'est pas dans un sentiment d'intérêt personnel, ou dans un vil égoïsme, pour nous enrichir en exploitant la terre, pour devenir propriétaires individuels, que nous avons quitté la patrie et bravé l'Océan, sans titre à l'attention et à la reconnaissance du Monde ; c'est par dévouement à la cause humanitaire, pour expérimenter au désert le système de la Communauté Icarienne, en bravant tout dans l'intérêt de l'Humanité tout entière.

Aussi, je n'ai pas hésité à vous recommander souvent à la sympathie et à la bienveillance comme à l'admiration de tous les esprits éclairés et de tous les cœurs généreux ; et, quoi qu'on puisse dire, quoi qu'on puisse faire, quoi qu'il puisse arriver, rien ne pourra détruire le mérite des sentiments qui déterminèrent l'émigration et la Colonisation icariennes.

Et ce mérite est d'autant plus grand, j'aime à le répéter, que je ne vous avais rien dissimulé des innombrables difficultés de l'entreprise, des gênes et des privations, des fatigues et des périls, des maladies et des sacrifices de tous genres, auxquels elle devait nécessairement nous exposer.

Les femmes même, les Icariennes, acceptaient tout avec un admirable courage, en même temps qu'elles renonçaient à leurs bijoux comme à toute parure de vanité.

Et je vous répétais continuellement que, quoique désirant une nombreuse émigration, je désirais la *qualité* plus encore que la *quantité*; que personne ne devait se présenter comme Icarien, s'il ne possédait pas toutes les vertus Icariennes, s'il ne considérait pas la pratique de la Fraternité avec toutes ses conséquences, comme un culte religieux, s'il n'avait pas l'habitude de la bienveillance et de la tolérance, de la politesse et des égards, de la loyauté et de la probité, de la fidélité aux engagements et aux devoirs, de la décence et de la pudeur, du travail et de l'étude, de l'ordre et de la propreté, de l'économie et de la frugalité.

Accepté par vous comme votre guide et votre chef, salué du titre de *Maître*, dont vous vous disiez les *Disciples*, et de *Père*, dont vous vous disiez les *Enfants*, je vous expliquai bien que l'organisation, la discipline et la scrupuleuse observation des règlements et des lois, étaient une rigoureuse nécessité dans le commencement d'une colonisation avec des hommes qui venaient de tous les pays, et qui ne se connaissaient pas entre eux.

Aussi, la plupart d'entre vous déclarèrent qu'ils ne partiraient pas sans un chef investi d'un pouvoir dictatorial pendant dix ans, et même qu'ils ne partiraient pas avec un autre chef que moi.

Et, je le déclare à mon tour, je ne serais pas parti moi-même sans ce pouvoir, qui me paraissait indispensable, pour fonder une pareille Colonie, et s'il s'était agi de tout autre but que la création d'une Communauté Icarienne.

Aussi, quand la première Avant-Garde partit du Havre, le 3 février 1848, elle signa l'engagement solennel d'obéir au Gérant d'Icarie, comme je pris moi-même l'engagement de me dévouer à son salut.

Il est vrai que, plus tard, à Nauvoo, j'ai proposé moi-même une Constitution établissant une Gérance élective, annuelle et multiple ; mais si, comme c'était le premier projet, la Colonie s'était établie au Texas, dans le désert, j'aurais conservé toute ma première autorité pour être sûr de pouvoir préparer et réaliser la démocratie dans toute sa pureté.

Et, aujourd'hui, si quelque colonisateur me faisait l'honneur de me demander conseil, je lui conseillerais, sans hésiter, de ne rien tenter, s'il n'avait pas tout le pouvoir et tout l'argent nécessaires.

DÉPARTS POUR LE TEXAS.

DATES DES DÉPARTS.	NOMBRE SPÉCIAL DE CHAQUE DÉPART.	NOMBRE DES PARTANTS.
2 décembre 1847.	Première Commission.	1
3 février 1848.	Première Avant-Garde.	69
1er juin.	Deuxième Avant-Garde.	19
12 août.	Commission de cinq.	5
28 septembre.	Troisième Avant-Garde.	23
25 octobre.	Départ par Bordeaux.	54
2 novembre.	Premier Grand-Départ.	89
12 —	Deuxième —	74
28 —	Troisième —	114
19 Décembre.	Quatrième —	45
	Admis à la Nouvelle-Orléans.	11
		498

ABANDON DU TEXAS.

Arrivée dans le Texas sur la fin d'Avril, entraînée par son ardeur, bravant la fatigue et la chaleur, la première Avant-Garde, composée de 69 hommes, est bientôt saisie par la fièvre, et perd plusieurs de ses membres. Presque tous sont malades quand arrive près d'elle la seconde Avant-Garde.

Effrayées par ces maladies et ces pertes, presque démoralisées par la fièvre, les deux premières Avant-Gardes se décident à la retraite, repartent individuellement, et arrivent à la Nouvelle-Orléans, pendant que les familles parties de France y arrivent de leur côté.

Cet abandon du Texas est un grand malheur; car l'entreprise icarienne y perd environ un million d'acres de terre qui lui avait été concédé gratuitement.

VIE COMMUNE A LA NOUVELLE-ORLÉANS.

Désorganisés par cette retraite, les Icariens se décident à loger et à vivre en commun à la Nouvelle-Orléans, en y travaillant jusqu'à mon arrivée.

Il leur faut du courage pour supporter les gênes, les privations et les inconvénients de cette première communauté provisoire.

En attendant, on envoie trois commissions pour explorer le centre du Texas, et les bords du Mississipi en remontant vers le nord.

DÉPART POUR NAUVOO.

Les cris de mort proférés contre moi par la Garde nationale au 16 avril 1848, la persécution non interrompue jusqu'en décembre, la rigueur de l'hiver, rien ne m'empêche de partir et de venir partager votre sort; et j'arrive à la Nouvelle-Orléans, au milieu du choléra, en janvier 1849.

Je commence par déclarer que les deux premières Avant-

Gardes n'avaient pas le droit de dissou... la Société Icarienne sans mon consentement, et que je considérais comme nulle la dissolution décidée par elles au Texas.

Après plusieurs discussions en Assemblée générale, je propose, et nous décidons, que ceux qui voudraient se retirer sont libres de le faire; que la caisse commune leur remettra 200 fr. à chacun, et que les persévérants monteront à Nauvoo pour y fonder provisoirement la Communauté.

Nous partons, le 1er mars, au nombre de 280, dont 142 hommes, 74 femmes et 64 enfants de tous âges; et nous arrivons à Nauvoo le 15 du même mois avec un nombreux bagage et 46,000 fr. seulement.

ÉTABLISSEMENT PROVISOIRE A NAUVOO.

Ces 280 Icariens, qui ont eu le courage de supporter les gênes, les privations et les fatigues du voyage sur mer, dans l'entrepont du navire, du séjour à la Nouvelle-Orléans et du voyage sur le Mississipi dans l'entrepont des bateaux à vapeur, auront encore le courage de supporter les gênes et les privations du premier établissement à Nauvoo.

Nous avons presque tout à créer pour nous y organiser : nous louons des fermes et des logements; nous réparons des bâtiments et fabriquons nos meubles; nous achetons les restes du temple des Mormons détruit par un incendie, quelques acres de terre adjacents et quelques bâtiments, des chevaux, des bestiaux, des outils et matières premières, et tout cela avec un capital de 46,000 fr. en arrivant à Nauvoo, réduit à 8 1,000 au 1er août 1850.

SOMMES DÉPENSÉES PAR LE BUREAU DE PARIS.

Quoique les livres du Bureau icarien aient été saisis et en partie détruits quatre fois pendant la persécution et même pendant l'emprisonnement ou l'absence des chefs, on peut cependant donner les renseignements suivants :

DÉPENSES	AVANT l'Embarque-ment.	ESPÈCES remises aux Délégués.
Première Commission......................	....	2,400.00
Première Avant-Garde....................	21,000.00	11,954.00
(Plus 56 montres estimées 2,000 fr.).......		
Deuxième Avant-Garde.	5,751.00	7,400.00
Commission de cinq.....................	1,210.00	26,152.00
Troisième Avant-Garde.................	7,369.00	13,602.00
Départ par Bordeaux...................	720.00	5,350.00
Premier Grand Départ..................	16,290.00	35,000.00
Deuxième —	13,618.00	12,378,00
Troisième —	19,297,00	12,306,00
Quatrième —	8,200.00	10,290,00
Bureau à Paris, loyers, etc..............	2,000.00	
Magasin à Paris.......................	1,000,00	
Magasin au Havre......................	2,000.00	
Employés, voyages, emballages...........		
Fusils neufs, matelas, tuniques.........	13,455.00	
Chapeaux, bottes, etc..................		
Emporté par M. C... lors de son départ..	....	6,000.00
Envoyé en onze traites, en 1849 et 1850..	....	30,225.00
	111,910.00	174,057.00

Dépensé. ...... 111,910 fr. 00

Remis. .... 174,057 » 00

Payé par Paris : 285,967 » 00

CAISSE DE LA COLONIE ICARIENNE AU 1er AOUT 1850.

Après leur arrivée à la Nouvelle-Orléans, et après avoir rendu leurs comptes à une Commission, les délégués, directeurs des différents départs, remettent à la Colonie les sommes suivantes :

Commission des cinq.................... 16,232 fr.

Troisième Avant-Garde.................. 6,081

Premier Grand-Départ.................. 27,184

Deuxième   —   11,106

Troisième   —   11,348

Quatrième   —   10,268

M. C... remet en arrivant.............. 3,600

Le Bureau de Paris envoie postérieurement onze traites, ensemble................ 30,225

Total,   116,044f.§ 21,950

Report-Total,   116,044 fr.   21,950

Travail à la Nouvelle-Orléans............................ 1,065

    d°   à Nauvoo................................ 1,198

Apports à Nauvoo.. 3,346

Vente de divers objets.................................... 458

Diverses petites recettes.................................. 324

Total de la recette.......... $ 28,341

La Colonie dépense :

Logements à la Nouvelle-Orléans.................... $ 820

    d°   à Nauvoo.................................. 1,155

Remboursements d'apports à la Nouvelle-Orléans...... 1,960

    d°   d°   à Nauvoo.................... 450

Frais de trois Commissions d'exploration............... 794

Voyage de la Nouvelle-Orléans et à Nauvoo............ 1,740

Achat d'outils et matière première..................... 4,465

Nourriture.. 8,223

Chevaux, bœufs, vaches, moutons, porcs............... 2 512

Payé sur achat d'immeubles............................ 3,362

Pharmacie, wiskey, etc................................. 225

Blanchissage... 80

Fourrage... 242

Diverses dépenses...................................... 913

Dol.   27,341

Recette au 1er août 1850, $ 28,341.

Dépense   —   —   27,341.

Reste en Caisse : $ 1,000.

D'après les comptes-rendus par le Caissier, il restait en Caisse :

    Au 1er avril 1849.......... $ 7,702.

    Au 11 novembre 1849..... 5.

    Au 5 Février 1850....... 228.

    Au 1er août   —   ..... 1,000.

DISSIDENCES, RETRAITES.

Cependant nos premiers pas sont bien pénibles ; le choléra vient nous soumettre à de cruelles épreuves : quelques dissidences et quelques retraites viennent nous affaiblir, tandis que le recrutement et la propagande languissent, et ne nous apportent que peu de nouvelles ressources. Pour ranimer cette propagande, je propose la loi du 5 avril 1850.

LOI DU 5 AVRIL 1850.

Nos premiers règlements prohibaient la retraite, en la considérant comme une désertion, et n'accordaient aucune restitution d'apport à celui qui se retirait.

Je propose, en 1850, un système nouveau établissant une admission provisoire ou un noviciat de quatre mois, avec faculté de retraite et restitution des quatre cinquièmes de l'apport, et une admission définitive sans interdiction de retraite et avec restitution de la moitié de l'apport seulement. C'est une loi de circonstance pour la propagande et de salut pour la colonie.

Elle est acceptée à l'unanimité.

MON DÉPART POUR LA FRANCE.

Pendant ce temps, la persécution s'acharne contre moi en France ; on veut me tuer moralement, pour tuer le Communisme et la Colonie ; on me condamne à Paris en mon absence, comme si mon projet de colonisation icarienne n'avait rien de réel et n'était qu'une manœuvre frauduleuse, imaginée par moi et préparée depuis longtemps pour dépouiller les Icariens et m'enrichir de leurs dépouilles. C'était tellement absurde et insensé que, dans une de vos adresses, vous déclarez que : « C'est une de ces iniquités qui pourrait suffire à elle seule pour déshonorer un siècle. »

Nos ennemis disaient partout que je n'oserais pas revenir en France, comme ils disaient auparavant que je n'oserais pas aller en Amérique : mais je reviens à Paris en juin 1851, comme j'étais parti pour la Nouvelle-Orléans en décembre 1848 ; je parais devant la Cour, je réduis au silence les calomniateurs, et je fais annuler la sentence surprise à la justice humaine.

RAPPEL A NAUVOO.

Pendant mon absence d'une année, quelques membres de la colonie se sont relâchés sur l'observation des principes icariens ; l'administration qui me remplaçait s'est trouvée entraînée à de fâcheuses concessions, et la Gérance me presse de revenir. Celui qui la préside m'écrit même que, s'il était près de moi, il se jetterait à mes genoux pour me déterminer à un prompt retour.

Je pars en effet, en abandonnant des opérations commencées dans l'intérêt de la Colonie, et je rentre dans son sein au commencement d'août 1852.

NATURALISATION. — COLONIE DANS L'IOWA.

Nous prenons aussitôt plusieurs mesures importantes, notamment la déclaration de notre intention de demander notre naturalisation comme citoyens américains, et l'établissement d'une nouvelle colonie dans l'Iowa, pour y fonder définitivement la Communauté. Nous y envoyons une première petite avant-garde de dix hommes, que nous renforcerons successivement et continuellement.

ATTAQUES CONTRE LA LOI DU 5 AVRIL.

Peu de temps après, lorsque l'union et l'unité d'action nous sont toujours absolument nécessaires, quelques membres demandent, contre mon opinion bien connue, l'abrogation de la loi du 5 avril, sous le prétexte ou par le motif que cette loi viole l'égalité qui est l'un des principes du Communisme icarien, et leurs raisonnements sont si spécieux, qu'ils séduisent et entraînent un assez grand nombre de leurs frères ; mais je démontre que cette loi ne viole nullement l'Egalité, qu'elle est seulement une mesure nécessaire de propagande et de salut, et la grande majorité revient à mon opinion. Malheureusement les partisans de l'abrogation sont des membres de la Gérance, les mêmes qui demandaient le plus vivement mon retour, en considérant mon avis comme indispensable ; ils s'obstinent à préférer leur opinion à la mienne et commencent ainsi une nouvelle dissidence : c'est, à mes yeux, une faute inexplicable, qui troublera quelque peu l'harmonie de la Société.

RÉFORME ICARIENNE.

Les inconvénients de cette dissidence et du relâchement introduit pendant mon absence, deviennent si nombreux et si graves que je crois devoir proposer, sur la fin de 1853, une Réforme icarienne pour revenir à la pratique des principes icariens. Cette Réforme paraît si nécessaire qu'elle est adoptée à la presque unanimité et confirmée en février 1855, après de longues explications de ma part pour en faire sentir la nécessité.

J'arrive enfin à notre situation pendant le premier semestre de 1855. Mais auparavant, deux mots encore sur la comptabilité du Bureau icarien à Paris.

COMPTABILITÉ DU BUREAU ICARIEN A PARIS.

J'ai déjà dit que, avant 1852, les livres du Bureau de Paris, régulièrement tenus, ont été quatre fois enlevés par la police, notamment pour le procès de 1851 et après le coup d'Etat. Depuis 1852, le double du livre de caisse contenant la recette et la dépense a été régulièrement envoyé chaque mois.

Les recettes se composent des produits de la vente des brochures anciennes et nouvelles, des abonnements au journal, des recouvrements sur les anciens correspondants et débiteurs, des souscriptions et des apports versés à Paris.

Les dépenses comprennent les traites sur New-York, envoyées par Paris, à Nauvoo, des remboursements d'apport, des frais de bureau et de correspondance, des achats plus ou moins considérables des divers objets demandés à Paris par la Communauté.

Résumé des Recettes et Dépenses des mois pour 1852.

	RECETTES.	DÉPENSES.
Janvier.	5,933,10	3,437,80
Février.	6,908,75	6,195,80
Mars.	466,60	2,828,60
Avril.	3,478,47	3,029,10
Mai.	2,408,50	2,617,22
Juin.	2,055,90	2,126,32
Juillet.	2,496,05	2,424,75
Août.	2,053,25	2,090,35
Septembre.	5,313,20	5,645,45
Octobre.	1,957,85	1,506,40
Novembre.	438,05	1,454,15
Décembre.	5,068,92	3,439,13
Recettes.	38,578,64	36,792,07
Dépenses.	36,792,07	
Reste en Caisse. . .	1,786,57	

Voici le résumé pour les années 1852 à 1855 :

RECETTE TOTALE.	DÉPENSE TOTALE.	RESTAIT en Caisse.
1852 — 38,578.64	36,792.07	1,786.57
1853 — 28.960.37	28,706.00	254.37
1854 — 55,064.28	53,974.99	1,089.29
Six premiers mois de 1856 — 30,128.92	29,842.65	286.27
152,732.21	149,315.71	

Constatons maintenant la situation matérielle pendant le premier semestre de 1855.

SITUATION DU PERSONNEL AU 1er JUILLET 1855.

Au 1er janvier, la Colonie comprenait........	452 membres.	
Sont arrivés depuis, jusqu'au 1er juillet......	93	
Sont nés..	10	
	555	
Sont morts............ 2		
Sont partis............ 27	29	
Reste au 1er juillet..............	526	

Le plus grand nombre des sortis n'étaient admis que provisoirement. Le plus grand nombre étaient des enfants emmenés par leurs pères et mères ; et le plus grand nombre encore étaient des Allemands qui ne parlaient pas le français (ce qui a d'innombrables inconvénients), qui n'avaient ni nos habitudes, ni nos idées, qui ne partageaient ni nos opinions, ni nos principes, et qui se disaient ou se croyaient Icariens sans être même Communistes. Leur départ nous fera prendre plus de précautions à l'avenir. D'autres Allemands, venus avec eux, sont décidés à rester avec nous, comme plusieurs de ceux qui nous ont quittés précédemment annoncent le désir de revenir, notamment celui qui nous dit :

« S'il y en a dans la Communauté qui veulent la *quitter*, je
» leur dirai qu'ils font *une folie* ; qu'ils ne trouveront jamais
» ce qu'ils quittent : Fraternité, Liberté, vie tranquille et sans
» inquiétude ; car, quoique j'aie trouvé dans la famille de ma
» femme des cœurs bons et généreux, la Communauté vaut
» encore mieux. »

On nous annonce aussi de Paris que deux membres de la première Avant-Garde, retournés du Texas en France, vont se remettre en route pour se rendre dans la Colonie.

Ainsi, la propagande marche, puisque le départ de septembre 1854 n'était que de 51 (hommes, femmes et enfants), tandis que le départ de février 1855 est de 58, et que le prochain départ pour septembre 1855 est annoncé comme devant comprendre 80 à 100 Icariens.

Des 526 membres présents au 1er juillet 1855 dans la Communauté, 57 sont dans l'Iowa et le reste à Nauvoo.

30 ont été naturalisés en mars 1855, tandis que 27 l'ont été en octobre 1854, ce qui porte à 57 le nombre des Icariens devenus citoyens américains.

En mentionnant 9 mariages, 3 inscriptions civiques et 2 exclusions prononcées pour faire respecter l'inviolabilité de l'union conjugale, nous aurons tout le mouvement du personnel pendant le 1er semestre de 1855.

SITUATION MATÉRIELLE.

ACCIDENTS. — Beaucoup d'accidents viennent nous occasionner des pertes considérables : un incendie causé par la foudre ou par quelque négligence ou imprudence, vient de détruire, près du moulin, notre magasin de maïs et les objets qu'il renfermait, notre malt-house avec quelques grains préparés, notre buanderie et notre lavoir avec beaucoup de linge qui s'y trouvait momentanément déposé ; trois de ces bâtiments étaient tout neufs. La perte est de 20 à 30,000 francs ou 4 à 6,000 dollars.

Nous perdons un cheval qui s'est cassé la jambe, un autre mort de tranchées, valant plus de 600 francs ou 120 dollars, trois petits poulains, des porcs étouffés, quelques bestiaux, etc., etc. — Une partie de nos récoltes est aussi perdue par l'intempérie des saisons.

D'autres pertes nous laissent encore plus de regrets : un de nos hommes les plus dévoués et les plus utiles, chargé de soigner notre principale écurie, se noie dans le Mississipi, en faisant baigner ses chevaux ; et l'une de nos jeunes filles les plus accomplies, périt par la foudre au milieu d'un grand nombre de femmes renversées à ses côtés, quoique sans autre mal que la frayeur.

D'autres morts ou des maladies, dont beaucoup sont causées par imprudence, viennent aussi nous affaiblir en désorganisant nos ateliers et en paralysant plus ou moins le travail.

La plupart de ces accidents et de ces pertes pourront être évités à l'avenir, quand nous pourrons faire les dépenses nécessaires, ou quand nous aurons plus généralement l'habitude de l'ordre et des soins indispensables. Ainsi, dès que nous pourrons en faire la dépense, nous aurons des paratonnerres partout où le besoin s'en fera sentir.

ACQUISITIONS. — Néanmoins, nous achevons un bâtiment d'habitation sur le carré du Temple, et nous en préparons trois autres. — Nous reconstruisons nos bâtiments incendiés ; nous achetons des terres dans l'Iowa pour plus de 2,000 dollars ; la maison d'habitation et quelques terres en dépendant, près du moulin, pour environ 800 dollars, la maison d'habitation pouvant loger quarante ménages, à Nauvoo, pour plus de 2,000 ; un train de bois de construction, pour près de 2,500 dollars ; nous faisons beaucoup de réparations et d'améliorations au moulin et ailleurs. — Nous décorons le réfectoire ; nous achetons un service de vaisselle en faïence et en verre ; nous en faisons venir de Paris un autre en fer battu. — Nous achetons ou fabriquons des machines et des outils. — Nous commençons pour notre école un gymnase suffisant pour les premiers exercices, et qui sera successivement complété. — Nous embellissons l'esplanade du Temple, en y plantant des arbres et des bancs, et en y dessinant des gazons de verdure avec des bordures de fleurs, et nous y faisons de la musique en plein air le dimanche, après souper, avec vingt de nos musiciens, enfants pris dans notre école.

NOURRITURE. — La nourriture doit être suffisante, réparatrice, saine, proprement apprêtée, autant que possible variée dans sa préparation, dirigée par l'ordre, l'économie, sans excès, sans abus, sans désordre ni prodigalité. — La cuisine a besoin de beaucoup d'ustensiles. Elle est difficile à faire pour deux, trois, quatre cents, etc., personnes. — Il est difficile d'avoir des cuisiniers, parce que nous n'avons pas de cuisiniers de profession, parce que nos cuisiniers sont pris parmi nos travailleurs, suivant leurs goûts, leurs dispositions ou leur zèle.

La nourriture a été difficile pour nous cette année, parce que les aliments étaient très rares et très chers; et néanmoins, les Icariens ont certainement été mieux nourris que la masse des ouvriers partout ailleurs.

Repas. — Le matin, en se levant, et avant d'aller au travail, les hommes prennent une goutte de wiskey avec du pain. — A déjeuner, les hommes ont de la soupe, des légumes, (pommes de terre ou haricots, etc.), ou de la viande restée de la veille. — Les femmes prennent généralement du café au lait. — A dîner on a un ou deux plats. — A souper, on a de de la soupe et un ou deux plats.

On a de la viande de boucherie et de la soupe grasse, plusieurs fois par semaine; quelquefois du mouton; du porc frais habituellement pendant l'hiver, avec de la choucroûte, etc.; du jambon et autre charcuterie; de l'excellent poisson une ou deux fois par semaine, pendant la saison de la pêche; des kneips et autres pâtes, des pommes de terre, des patates, des haricots, du riz, du beurre, du fromage et des œufs, des légumes verts de toutes espèces, salade, radis, choux, pois, haricots, carottes, navets, ognons, poireaux, oseille, épinards, etc.; — Quelquefois de la volaille; — Plusieurs fois, dans la saison, on a des melons et des pastèques. — Cette année nous aurons immensément de pêches, assez pour en manger trois fois par jour pendant près d'un mois, soit fraîches, soit en compote. — L'année prochaine, nous aurons des pommes et autres fruits, car nous aurons planté des arbres fruitiers de toutes espèces, et nous aurons même toutes sortes de conserves. Nous n'avons pas encore de raisin ; mais nous en aurons bientôt, car nous cultiverons même de la vigne.

Mais pour tout cela, il faut du temps, des ustensiles, des locaux, c'est-à-dire de l'argent ; et nous ne pourrons améliorer que successivement.

L'infirmerie a une cuisine spéciale ; les malades et les nourrices ont des aliments exceptionnels, soit à l'infirmerie, oit chez eux.

Les ateliers mobiles, en assez grand nombre, ont des cuisines particulières, ce qui occasionne de grandes dépenses, et ce qui a de graves inconvénients sous tous les rapports.

On a bu de l'eau, pendant les repas, pendant plusieurs mois de cette année, par économie ; mais on boit généralement du café à déjeuner et à dîner, et du thé à souper. Entre les repas, les travailleurs boivent de l'eau trempée de wiskey. Nous ferons et boirons, aussitôt que nous le pourrons, de la bière ou toute autre boisson.

La consommation et la dépense en sucre, en café et en thé est considérable, trop considérable même, et je pense qu'il faut nécessairement la réduire.

RÉFECTOIRE. — La règle dictée par la nécessité de l'ordre et de l'économie est que tout le monde, excepté les nourrices et les malades, viennent manger au réfectoire à la table commune ; que tout le monde se mette à table et en sorte en même temps, et que personne ne mange entre les repas. Cette règle a reçu successivement beaucoup d'infractions, aussi contraires à l'économie qu'à l'ordre, et auxquelles il faudra nécessairement mettre un terme.

VÊTEMENTS. — Le vêtement icarien doit être convenable contre le froid et le chaud, en hiver et en été, commode, économique, par conséquent simple, facile à faire et à réparer, sans rien d'inutile, sans luxe et sans vaines superfluités ; tout ce qui tient au luxe et à la coquetterie est aussi contraire à notre nécessité d'économie qu'à nos principes de raison et de moralité. Par économie et pour garantie de l'application de nos principes, nous ferons tous nos efforts pour fabriquer nous-mêmes, le plus simplement possible, nos étoffes et nos vêtements, et pour confectionner ou acheter nous-mêmes tous nos trousseaux et literies, soit à Nauvoo, soit à Paris. — Déjà nous avons établi et organisé plusieurs métiers à tisser et à faire des bas, etc., et nous allons acheter une machine à coudre.

Nos anciens trousseaux se trouvant presque tous usés et détruits, nous en avons un grand nombre à remplacer ; et la dépense en coton, laine, etc., est très considérable, car il faut parler de milliers de dollars.

CHAPEAUX DE PAILLE. — Il nous faut une grande quantité de chapeaux de paille, car tout le monde, hommes, femmes et enfants, en portent dans la Communauté. Ce sont nos jeunes filles qui les tressent avec du palmier, qu'il faut acheter. C'est encore une dépense ; mais c'est une économie de les faire nous-mêmes.

Pour l'hiver, nos tailleurs font nos casquettes en drap ou en peaux et fourrures. — Nous ferons des chapeaux en feutre aussitôt que nous le pourrons.

CHAUSSURES. — Les bottes sont nécessaires pour les travaux du dehors, et presque tout le monde en porte, parce que presque tout le monde est sujet à être appelé pour des travaux extérieurs.

C'est une grosse dépense ; mais une tannerie entraîne de plus fortes dépenses encore, et nous sommes obligés d'ajourner. — En attendant, quelques-uns de nos ouvriers nous font des sabots, qui sont plus économiques et plus chauds pour l'hiver.

LOGEMENTS. — Le logement icarien doit être parfaitement indépendant et séparé, pour éviter toute occasion de désagréments et de divisions. Il doit être pourvu de toutes les commodités nécessaires, afin que toutes les femmes puissent faire facilement leur ménage sans avoir besoin de domestique, y trouver toutes les facilités pour y entretenir la propreté et tout ce dont elles ont besoin, sans être obligées de se déplacer, même quelques petits jardins pour de la verdure et des fleurs. C'est alors, et peut-être seulement alors, que la Communauté possèdera tout son bien-être, tous ses agréments et toutes ses facilités.

Nous avons été d'abord très-mal logés; puis nos logements se sont successivement améliorés. Ils sont loin encore d'offrir la perfection désirable; mais ce sera l'objet constant de notre sollicitude, et ce n'est qu'une question de temps et de possibilité financière.

A cet effet, nous avons besoin de maçons, de beaucoup de maçons; et le petit nombre de ceux que nous avons me remplit d'inquiétudes pour la construction des nouveaux logements nécessaires au nombreux départ qui doit arriver en novembre prochain.

AMEUBLEMENT. — L'ameublement icarien doit être simple, mais doit comprendre tous les meubles nécessaires. — Tous doivent être confectionnés par nos ouvriers, pour tout le monde également, et distribués à tous les logements en même temps, après que leur fabrication a été décidée et leur forme arrêtée de concert. Cet ameublement, successivement augmenté depuis le commencement, est loin encore d'être complet; mais nous travaillerons constamment à le compléter.

POTERIE. — Nous venons d'établir une poterie qui nous fournira beaucoup de petits ustensiles en terre, nécessaires dans les ménages.

PUITS, ETC. — Les puits ne sont pas nombreux et n'ont pas assez de pompes; les lieux d'aisances sont trop éloignés et trop défectueux; les chemins, les clôtures et la propreté générale, laissent beaucoup à désirer : mais tout s'améliorera continuellement.

CHAUFFAGE, ÉCLAIRAGE. — Il faut des poêles et des lampes, etc., dans chaque logement ; il faut du charbon de terre et du bois, de la chandelle et de l'huile ; il faut une voiture et un cheval, etc., pour la distribution à domicile ; et c'est une dépense considérable. Un service régulier n'a pas encore pu s'établir à cet égard ; mais on fera tout pour l'établir incessamment.

MÉDECIN. — Un médecin, en même temps chirurgien, soigne tous les malades ; il fait des visites régulières, chaque jour, à l'infirmerie et aux écoles, puis aux malades dans leurs domiciles. — Une sage-femme préside aux accouchements et soigne les accouchées.

INFIRMERIE. — Nous avons une infirmerie pour les hommes, avec une cuisine exceptionnelle : mais cette infirmerie n'est pas assez spacieuse, et, dans les temps de maladies plus ou moins graves, beaucoup d'hommes se font soigner par leurs femmes à domicile, ce qui est beaucoup plus dispendieux sous tous les rapports.

La Colonie n'a pas d'infirmerie pour les femmes et les enfants, ce qui a beaucoup d'inconvénients.

Mais l'Administration ne devra rien négliger pour organiser, aussitôt que la chose sera possible, une seconde infirmerie, et pour améliorer celle qui existe.

BAINS. — Il y a quelques baignoires pour l'infirmerie, pour les malades à domicile et pour les enfants. Les femmes et les petites filles de l'école vont se baigner dans le grand bassin du lavoir, les hommes et les enfants de l'école vont se baigner dans le Mississipi. — Quand nous construirons une ville, chaque maison aura peut-être son cabinet de bains et sa baignoire. — En attendant, et dès que nous le pourrons, nous aurons des bains publics avec un nombre suffisant de cabinets et de baignoires.

PHARMACIE. — Notre pharmacie est assez bien fournie en

médicaments de beaucoup de sortes, tirés de Paris ou des villes américaines.

ÉCOLES. — Nous avons une grande école, divisée en deux parties, l'une pour les garçons au-dessus de cinq ans jusqu'à seize, en comprenant aujourd'hui 39, et l'autre pour les petites filles du même âge, en comprenant 33, et une petite école ou salle d'asile, comprenant 22 enfants, garçons et filles de trois à cinq ans, indépendamment de 35 enfants au-dessous de trois ans restant continuellement avec leurs mères, qui ont de jolies petites voitures pour les promener. — Les enfants de la grande école mangent et couchent à l'école. Les parents peuvent les emmener le dimanche dans l'intervalle entre le dîner et le souper, et peuvent même les voir à l'école chaque jour de la semaine pendant les récréations. — Les enfants de la petite école y sont conduits avant le déjeuner jusqu'après souper, afin que leurs pères et mères puissent travailler dans les ateliers. Ces enfants sont réunis sous la surveillance et la direction d'une citoyenne, qui les fait jouer ou qui les promène, et qui les habitue à la vie sociale et fraternelle.

Pendant trois ans, ces écoles étaient d'abord très étroitement logées, et privées de tout agrément. Aujourd'hui, la grande école occupe un grand bâtiment double, construit en pierres par la Colonie, comprenant deux vastes cours bordées d'arbres et de fleurs : mais elle est encore trop étroite et manque de plusieurs parties essentielles. Il faudrait que l'école pût être une petite communauté complète, se suffisant entièrement à elle-même, et par conséquent que, indépendamment des classes séparées, nécessaires pour les différents degrés d'instruction, elle contînt une grande salle pour le dessin—une grande salle pour la musique—une grande salle de récréation pour le mauvais temps — une salle pour les livres, les instruments, les jeux —une cuisine et ses accessoires — une salle à manger, etc.—une infirmerie avec des bains—une buanderie, et, autant que possible, un lavoir et un séchoir, avec un atelier de repassage—un atelier de confection et de raccommodage—

un emplacement dans le dortoir ou à côté pour se peigner et se laver tous ensemble et rapidement, — un vestiaire pour déposer les vêtements et les chaussures propres—tous les petits emplacements nécessaires pour nettoyer les vêtements et les chaussures— pour déposer le chauffage, etc., etc.—Les puits, les pompes, les tuyaux pour procurer facilement et conduire partout l'eau nécessaire—tous les petits ateliers avec leurs outils et leurs magasins nécessaires pour donner aux enfants, par l'instruction pratique, les éléments des arts et des métiers les plus usuels. — Enfin, les logements nécessaires pour les directeurs, professeurs et surveillants.

Les filles s'habitueraient ainsi à tous les travaux de femmes, et les garçons s'habitueraient de même à tous les travaux de leur ménage, même à faire leur cuisine, etc., comme au maniement de tous les outils. Ils s'habitueraient également à tous les travaux de l'agriculture, de l'horticulture et des récoltes.

La petite école ou la salle d'asile devrait contenir une petite infirmerie, et être suffisamment spacieuse pour les récréations intérieures et extérieures, avec tous les jeux convenables, avec une cour sablée, du gazon et de l'ombre, des arbres et des fleurs.

Il faudra aussi des salles particulières pour des cours destinés aux jeunes filles et aux jeunes garçons.

Il faudra encore un certain nombre d'instituteurs différents, utilisant des élèves moniteurs. Tout cela sera bien dispendieux et demandera bien du temps ; mais ce sera le but constant des efforts et des sacrifices de la Colonie pour assurer le succès complet de la Communauté par des générations icariennes.

En attendant, les petites filles épluchent certains légumes pour la cuisine commune, les garçons vont chercher leurs aliments ainsi que leur chauffage et leur eau, et vont même à la ferme pour y passer la journée dans les travaux de l'agriculture et de la récolte.

Quand l'école sera convenablement étendue et organisée, elle pourra recevoir des pensionnaires américains, auxquels elle enseignera le français et donnera l'éducation icarienne en recevant de leurs parents une pension convenable, ce qui sera avantageux sous le rapport de la propagande, et même sous le rapport de la question financière. Mais jusque-là, quoique très réduite à des éléments sous le rapport de l'instruction, l'école est une cause inévitable de dépenses pour les fournitures de toutes espèces, en ardoises, crayons, papiers, plumes, encre, livres, tables, etc., etc.

GYMNASE. — La gymnastique est une partie essentielle de l'éducation, indispensable sous tous les rapports, utile aux filles elles-mêmes en la réduisant seulement à la partie convenable des exercices.

Le gymnase icarien n'est que commencé, on l'achèvera successivement. Nous n'avons pas encore pu le peindre à cause de la dépense; mais on le peindra aussitôt que possible, parce que la peinture est nécessaire pour la conservation des bois.

ATELIERS DE FEMMES. — Il est nécessaire, pour l'économie, que les femmes comme les hommes travaillent dans les ateliers communs; et, pour qu'elles puissent s'y rendre sans répugnance et sans hésitation, il est nécessaire que les ateliers soient, autant que possible, suffisamment spacieux, sains, commodes, même agréables, sans cependant aucune superfluité. Dans le commencement de notre établissement, tous les ateliers laissaient beaucoup à désirer; ils sont déjà bien améliorés, et on les améliorera continuellement encore.

BUANDERIE, LAVOIR. — Ces deux ateliers sont contigus, sur le bord du Mississipi, près du moulin qui leur fournit à volonté de l'eau chaude et de l'eau froide; ils sont aussi commodes que possible.

Douze à vingt citoyennes y lavent, dans un vaste réservoir

clos et couvert, la masse de linge de la communauté. L'opération dure ordinairement quatre jours. Le lavoir étant éloigné de plus d'un quart de lieue, les laveuses y sont conduites, après déjeuner, dans une espèce d'omnibus qui vient d'être construit exprès. Elles dînent, avant ou après les hommes, dans le réfectoire du moul.

Indépendamment de toutes les améliorations apportées l'administration, qui avait déjà fait venir de France une machine à laver qui avait été détruite dans l'incendie, s'occupera sans cesse à trouver une machine capable de bien laver sans user le linge, et de supprimer ou réduire, ou soulager le travail des laveuses.

Séchoir. — C'est un atelier indispensable, pour l'hiver comme pour l'été. Jusqu'à présent, la Colonie n'a pu s'en procurer un ; mais elle va le faire enfin au-dessus du lavoir, en cherchant d'ailleurs une machine propre à simplifier et à abréger l'opération du séchage.

Ateliers de repassage. — Les repasseuses travaillent dans la même pièce avec les lingères et les couturières, ce qui a beaucoup d'inconvénients pour les unes et pour les autres, sans qu'on ait pu, jusqu'à présent, les séparer ; on les séparera le plus tôt possible.

Ateliers des lingères et couturières. — Il a besoin aussi d'améliorations ; on les fera dès qu'on le pourra.

Grande lingerie. — Il en est de même de la grande lingerie où l'on apporte, avant chaque lessive, le linge à laver, où il est inscrit et divisé, et où il est rapporté après le lavage pour être raccommodé et repassé, puis déposé dans les cases et distribué.

Ateliers de jeunes filles. — Indépendamment de tous les ateliers ci-dessus mentionnés, je voudrais organiser, pour les jeunes filles sorties de l'école et pour les jeunes filles arrivant, trop âgées pour y entrer, un atelier spécial, consacré à les instruire ou à les perfectionner dans la taille et la confection de tous les travaux concernant le linge et les vêtements. La chose n'a pas pu encore s'accomplir, mais elle se fera le plus tôt possible.

ATELIERS D'HOMMES. — La Colonie possède un assez grand nombre d'ateliers, notamment : de mécaniciens, forgerons, maréchaux-ferrants, serruriers, ferblantiers, tôliers, charpentiers, menuisiers, tourneurs, charrons, bûcherons, maçons, peintres, tonneliers, horlogers, tailleurs, imprimeurs, relieurs, cordonniers, sabotiers, matelassiers, tisseurs, bonnetiers, teinturiers, boulangers, charcutiers, bouchers, cuisiniers, agriculteurs, jardiniers, meuniers, distillateurs, flat-boatiers, etc., etc.

Presque tous ces ateliers sont dans leur enfance ; mais la Colonie les complètera, les développera et les perfectionnera.

Pour cela, il faudra des machines, etc., des magasins pour les matières premières, pour les outils, pour les produits fabriqués ; il faudra des hangars, etc. ; c'est-à-dire il faudra beaucoup d'argent et du temps.

C'est la Gérance ou l'Administration qui doit décider et déterminer la composition de chaque atelier, les travaux à exécuter, etc., etc.

Chaque atelier, fixe ou mobile, doit avoir un directeur élu par lui pour trois mois, et dont l'élection est soumise à la confirmation par la Gérance.

Chaque directeur doit faire chaque semaine, un rapport mentionnant l'exactitude de chaque ouvrier, les contraventions qu'il a pu commettre, le travail et la production de l'atelier, etc., etc.

CHANDELLE ET SAVON. — Des ateliers spéciaux pour cette double fabrication, établis depuis quelque temps, recevront successivement les développements nécessaires.

MOULIN. — Le moulin, situé sur le bord du Mississipi, et mis en mouvement par une machine à vapeur de la force de 18 chevaux, a été acquis principalement pour assurer à la Colonie l'inappréciable avantage d'avoir toujours avec certitude sa provision de farine, soit de froment, soit de maïs et de pain. Il moud aussi pour les habitants de Nauvoo et pour le commerce.

PORCHERIE. — L'un des principaux avantages de la distillerie, c'est de donner des résidus précieux pour nourrir nos vingt vaches et nos vingt-cinq bœufs, et pour engraisser des porcs élevés par nous ou achetés maigres pour être engraissés et utilisés, soit pour notre consommation, soit pour la vente avec un bénéfice plus ou moins considérable. — Sur 300 que nous avons ainsi achetés maigres, nous en avons revendu 100 gras pour Keokuk, et 80 pour Saint-Louis, qui nous ont rapporté beaucoup plus que les 300 n'avaient coûté.

Nous avons doublé, cette année, cette porcherie, de manière que nous avons pu, et que nous pourrons y engraisser le double de porcs.

SCIERIE. — Nous avons, à côté du moulin, deux scies circulaires mises en mouvement par sa machine à vapeur, une petite pour des lattes et du bardeau, et une plus grande pour de grands arbres de toute espèce. Nous venons de remplacer deux anciennes scies par deux nouvelles. — Nous scions pour nous et pour le public. — Nous venons d'acheter un grand train de bois en grumes ou billes, pour environ 2,500 dollars, et nous les transformerons en planches, etc., pour les employer dans nos propres constructions ou pour les vendre avec bénéfice au commerce.

Nous avons fait de grandes dépenses cette année pour de grandes améliorations dans toutes les parties du moulin, notamment en remplaçant de vieilles cuves par de nouvelles, des tuyaux en bois par des tuyaux en cuivre, etc.; etc., en améliorant l'égrainoir à maïs, et en ajoutant une bascule pour peser les voitures chargées et vides, ainsi qu'un grand magasin pour y recevoir les provisions de maïs.

Il nous a fallu des sommes assez considérables pour acheter le blé, le maïs, l'orge et le bois nécessaires au moulin, à la distillerie et au fourneau de la machine à vapeur; mais nous avons pu fournir à tout.

FLAT-BOAT. — Pour le service du moulin, pour aller chercher le blé, le maïs, le bois nécessaires, et pour transporter nos produits à Keokuk, où quelque bateau à vapeur les prend pour les transporter à Saint-Louis, nous avons deux grands bateaux et quelques barques servies par sept ou huit hommes. un flat-boat plus large, plus profond et plus solide, et un chaland ou bateau plat qui peut plus aisément passer sur les rapides pendant les basses eaux.

TONNELLERIE. — Quelquefois nous sommes obligés d'acheter des barils à wiskey et d'autres à farine; mais autant que la chose nous est possible, nous achetons de grands arbres sur place; nos bûcherons les abattent et fabriquent le merrain que nos charretiers amènent et que nos tonneliers transforment en barils.

AGRICULTURE. — Dès le principe de notre établissement à Nauvoo, nous aurions bien voulu pouvoir acheter des fermes, au lieu d'en louer, acheter des bestiaux et des troupeaux de toute espèce, planter des vergers, etc.; mais nous ne l'avons pas pu parce que notre établissement n'était que provisoire, et que d'ailleurs nous n'avions pas les fonds considérables qui étaient nécessaires.

Pendant quelques-unes des années précédentes, nous avons été obligés de louer des fermes éloignées; mais cet éloignement avait toutes sortes de graves inconvénients, notamment celui d'isoler et de disperser les travailleurs et de les habituer à la vie individuelle en leur rendant presque impossible la pratique de la vie commune.

Cette année, nous avons acheté du timothée sur place, tout près de chez nous, pour notre provision de fourrage, et nous avons loué une petite ferme d'une centaine d'acres seulement, dans notre voisinage, dans laquelle, pour préparer nos travailleurs aux travaux de l'Iowa, nous avons semé un peu de blé, d'orge, d'avoine, de chanvre, de balai, avec beaucoup de pommes de terre, de maïs, de choux et d'autres gros légumes.

JARDINAGE. — Nous avons six principaux jardins pour les légumes ordinaires ; mais nous manquons d'eau pour les arroser convenablement, et nous serons obligés de construire un réservoir avec une pompe pour avoir l'eau nécessaire.

FRUITS. — Nous avons beaucoup de pêchers, plantés par nous, qui nous donnent beaucoup de pêches; et nous aurons successivement tous les autres arbres fruitiers et tous les autres fruits.

FLEURS. — Nous avons déjà beaucoup de fleurs dans le grand jardin, sur l'esplanade du Temple et dans les cours de l'école. Beaucoup de logements en ont à leurs croisées, et nous les multiplierons sans cesse.

BESTIAUX. — Nous sommes convaincus que nous n'aurons jamais trop de bestiaux, et nous les augmenterons toujours. Quant à présent, réduits au plus strict nécessaire, nous n'avons que 14 chevaux et 25 bœufs pour nos labours et nos transports, 4 à 500 porcs dans la porcherie, et une ataine de belles vaches, qui nous donnent de 80 à 140 litres de bon lait par jour, et de beaux veaux.

JUMENTS. — Ce sont principalement des juments que nous avons, elles nous ont donné de bons poulains, indépendamment de trois que nous avons perdus.

ÉTABLES. — Nos étables sont loin d'être ce que nous désirons, parce qu'il aurait fallu dépenser beaucoup d'argent ou de temps ; mais nous les améliorerons sans cesse, et nous allons en construire une nouvelle pour toutes nos vaches.

VOLAILLES. — Nous n'aurons jamais trop de volailles de toutes espèces ; mais il faut beaucoup de place, de constructions et de dépenses, pour les faire prospérer en les soignant convenablement.—Nous n'en avons encore qu'un petit nombre, qui nous donnent de la nourriture et des œufs pour l'infirmerie et les malades ; mais nous améliorerons sans cesse.

IMPRIMERIE. — Nous avons une imprimerie qui compose en français, en anglais et en allemand, qui nous a imprimé trois journaux dans ces trois langues, beaucoup de brochures et beaucoup de tableaux, etc., pour les besoins de l'administration intérieure. L'imprimerie icarienne travaille aussi pour le public et gagne ainsi des sommes plus ou moins importantes.

JOURNAL. — Dès les premières années, la Colonie a imprimé un journal en anglais, d'abord sous le titre de *Popular*, ensuite sous le titre de *Nauvoo Tribune*, remplacé, en 1854, par la *Colonie icarienne*, en français, qui paraissait toutes les semaines, qui n'a eu que vingt-deux numéros, parce que l'administration française en a empêché la distribution en France, et qui a été remplacée elle-même, en 1855, par la *Revue icarienne*, mensuelle, qui n'a jusqu'à présent que quatre numéros, parce que la même administration en a encore empêché la circulation. Nous publions aussi un journal mensuel allemand sous le titre de : *Le Communist*. Nous y joindrons probablement, bientôt, un *Bulletin agricole et industriel*, en français, qui pourra être reçu en France comme le *Bulletin phalanstérien*, publié en Belgique.

BIBLIOTHÈQUE. — Chaque Icarien a sa petite bibliothèque icarienne qui contient les écrits icariens.

La Colonie a aussi une bibliothèque publique, comprenant plus de 4,000 volumes, à la disposition de ceux qui veulent lire dans leurs habitations. — Elle a aussi beaucoup de journaux venus de France ou reçus d'Amérique par échange, et qui sont mis en lecture dans le réfectoire,

Elle a aussi le commencement d'un cabinet de physique et de chimie, qui s'augmentera successivement.

THÉATRE. — Nous avons un joli petit théâtre avec de jolies décorations faites par nos peintres, sur lequel le dimanche, en présence de toute la Colonie (hommes, femmes et enfants occupant des places séparées), et même de quelques habitants de Nauvoo, quelques-uns de nos citoyens et de nos citoyennes représentent des pièces choisies et chantent, soit séparément, soit en chœur. Nos enfants y paraissent aussi pour y réciter des fables ou d'autres morceaux, ou pour jouer ou pour chanter.

MUSIQUE. — Notre musique icarienne, composée de trente-quatre musiciens pris parmi nos travailleurs au nombre de quinze et parmi nos enfants, exécute de charmants morceaux pendant le spectacle, tandis que nos enfants, au nombre de vingt, font de la musique en été, le dimanche, sur l'esplanade du Temple, au milieu de la Colonie presque entière.

Notre musique, comme notre théâtre, n'est pas sans influence sur l'agrément de la vie commune, et nous désirons qu'un jour tous les Icariens, toutes les Icariennes et tous leurs enfants puissent contribuer, en chantant, au plaisir de nos réunions et de nos fêtes. — Nous n'avons pas encore pu faire donner des leçons de musique à nos petites filles, dont beaucoup ont une jolie voix ; mais presque tous nos petits garçons apprennent à devenir musiciens.

Ajoutons que la réputation de notre musique icarienne s'est étendue au loin, qu'on nous l'a souvent demandée pour des fêtes publiques, et qu'on nous a même offert et payé 100 dollars pour aller célébrer l'ouverture d'un chemin de fer.

BAL. — Nous règlerons définitivement plus tard ce qui concerne le bal en Icarie ; mais, pendant l'hiver, nous avons eu, dans notre grand réfectoire, plusieurs bals qui n'ont eu que de l'agrément pour les spectateurs comme pour les danseurs.

AMUSEMENTS. — Jusqu'à présent, nous n'avons pas encore eu de jeux et d'amusements publics ; mais nous établirons successivement tous ceux qui ne sont pas incompatibles avec nos principes.

PROMENADES ICARIENNES. — Nous n'avons eu, cette année, qu'une promenade en commun, avec musique et bal champêtre ; mais quand elles pourront être complétement organisées, ces promenades ne seront pas un des moindres agréments d'Icarie.

COURS ICARIENS. — Par des causes extraordinaires, le Cours icarien, consacré, chaque dimanche, à rappeler et à développer, devant la Colonie entière, les principes icariens, surtout à développer nos doctrines de fraternité, d'égalité, de vraie liberté, d'unité et de communauté, et même à traiter toutes les questions capitales, a été suspendu ; mais nous le reprendrons le plus tôt possible, parce que c'est une des première nécessités et l'un des plus grands avantages de l'organisation icarienne.

NOUVELLES ENTREPRISES INDUSTRIELLES. — Nos ateliers sont d'abord occupés et absorbés par les propres besoins de la Communauté, et ne gagnent que peu d'argent en travaillant quelquefois pour le public. Cependant, tout le monde sent que, comme nous ne pouvons pas produire tout ce qui nous est nécessaire, nous sommes dans la nécessité d'acheter et payer beaucoup de choses dont nous avons besoin, et par conséquent d'exercer quelques industries qui puissent nous faire gagner de l'argent ; et personne peut-être ne sent autant que moi cette nécessité ; personne ne désire aussi vivement que nous puissions fonder quelque grande industrie lucrative.

Mais il ne faut s'abandonner ni à ses désirs, ni à son impa-

tience ; pour créer de grandes industries, il faut de grands capitaux, etc., etc., et il faut bien nous résigner à ce que la
Colonie ne puisse pas faire aujourd'hui ce qu'elle fera plus
tard, quand la chose lui sera possible.

Du reste, que chacun propose ses idées, ses projets et ses
plans, et la Communauté entreprendra tout ce qui sera reconnu
utile et praticable.

Iowa. — Notre établissement à Nauvoo n'a été que provisoire, parce que toutes les terres y étaient occupées, qu'elles
y étaient déjà très chères, que nous n'avions pas assez d'argent pour en acquérir, et que nous ne pouvions qu'en affermer,
en petite quantité, pour un fermage assez élevé, sans pouvoir
profiter des améliorations que nous ferions et par conséquent
sans pouvoir les améliorer. Nous ne pouvions rien entre-
prendre, rien fonder, rien créer ; nous ne pouvions y établir la Communauté.

Un établissement définitif ailleurs, dans un pays où nous
pourrions être propriétaires d'un vaste territoire, nous était
donc indispensable : mais où aller ?

L'Orégon, le Texas, le Kansas et le Nébraska, étant trop
éloignés, ou trop occupés, ou ne pouvait nous convenir pour
d'autres causes, nous avons immédiatement après mon retour
en France, en 1852, choisi le comté d'Adams, dans l'Etat
d'Iowa, près de deux cents milles, ou soixante-six lieues de
Nauvoo à l'ouest, entre le Mississipi et le Missouri, à quatorze
ou quinze jours de marche avec des bœufs, ou cinq à six
jours avec des chevaux.

Cette place n'était pas tout ce que nous pouvions désirer
pour la perfection, sous tous les rapports ; mais où pouvait-on
où pourrait-on même aujourd'hui trouver ainsi l'objet de tous
ses désirs.

Nous y trouvions, sous un climat aussi sain et même plus
sain peut-être que celui de Nauwoo, une grande étendue d'ex-

cellente terre labourable, propre à produire tous les grains,
tous les légumes et tous les fruits ; une petite rivière, et de
l'eau partout avec des puits ; du bois en quantité suffisante ou
presque suffisante, que nous pourrons améliorer et augmenter
indéfiniment par des plantations ; des places très-convenables
pour l'élevage d'un grand nombre de bestiaux ; de la pierre
et de la terre à briques pour les constructions ; du charbon de
terre dans la contrée ; la certitude d'un chemin de fer devant
unir l'Est de l'Amérique à l'Ouest, devant passer à quelques
lieues de notre Colonie projetée, et devant être prochainement
en action ; la possibilité des machines à vapeur partout où
manquerait la puissance hydraulique ; enfin la facilité, pour
une époque rapprochée, des communications industrielles et
commerciales.

Ce sont ces avantages capitaux qui nous ont déterminés à
choisir ce comté d'Adams, dans l'Iowa.

Nous avons d'abord préempté, puis acheté des terres, dont
nous possédons déjà plus de 4,000 acres, près de la petite
rivière ; nous y avons envoyé des bestiaux, des machines
et des outils, et successivement huit convois, comme il suit :

1er départ	18 sept. 1852.	10 hommes.		
2e —	14 avril —	4	—	
3e —	3 juillet —	5	—	1 jeune homme et 2 femmes.
4e —	26 sept. —	2	—	
5e —	12 avril 1854.	3	—	et 2 f.. .nes.
6e —	6 juillet —	5	—	1 jeune homme, 4 femmes et 1 jeune fille mariée depuis.
7e —	28 sept. —	5	—	et 1 jeune homme.
8e —	23 avril 1855.	11	—	1 jeune homme, 7 femmes, 1 jeune fille, 3 enfants.

Naissances. 2
____
71

71, dont 46 hommes,
3 jeunes hommes,
16 femmes,
1 jeune fille,
5 enfants.

Plusieurs étant revenus par différentes causes, la Colonie ne contient aujourd'hui que 57 individus, dont :

> 33 hommes,
> 3 jeunes hommes,
> 15 femmes,
> 1 jeune fille,
> 5 enfants.

Ces premiers colons ont construit des maisons en bois, défriché, labouré, planté, fait un jardin, un moulin, une scierie, de la brique, etc., etc. Ils ont quelques chevaux, quelques bœufs, plus de cent vaches ou génisses, pour lesquels il leur faut beaucoup de fourrage; des porcs et beaucoup de volailles. Ils ont récolté du blé, du maïs, des pommes de terre, des légumes, etc. Nous leur avons envoyé un moulin, deux scies, des charrues, etc., une machine à faucher et une machine à battre, etc.

La clôture étant une nécessité pour garantir les récoltes contre les bestiaux, ils nous demandent une machine à *enfencer* ou enclore en creusant des fossés et plantant des haies; ils nous demandent même une machine à vapeur. Nous leur enverrons ou nous leur porterons tout ce qui leur est nécessaire; car la communauté est essentiellement intéressée à ne rien épargner pour assurer et accélérer le progrès et l'achèvement définitif de la Colonie.

Mais malgré tous les désirs et toute l'impatience de transporter complètement la Communauté dans la Colonie, la chose est impossible pour le moment, parce qu'il est nécessaire de préparer auparavant des logements dans l'Iowa, et la translation complète et définitive exigera nécessairement du temps et beaucoup d'argent.

Il faut donc, de toute nécessité, conserver Nauvoo pour quelques années encore comme station provisoire, comme noviciat, comme école pour nos enfants, comme centre de propagande; il faut que nous y conservions des habitations pour ceux qui ne partent pas des premiers et pour les nouveaux départs qui arriveront de France toujours en plus grand nombre ; il faut que nous conservions notre moulin et ses accessoires, notre agriculture, même réduite, nos ateliers, etc.., en un mot, notre organisation générale.

C'est une grande difficulté, et c'est beaucoup de dépenses assurément, mais c'est une inévitable nécessité, qui nous oblige à modérer notre impatience.

Que nous ayons l'argent nécessaire, et nous multiplierons les départs.

L'incendie du mois de mai, qui nous a mis dans la nécessité de reconstruire quatre bâtiments, nous a empêchés de faire un départ en juin ou juillet, et ce même incendie, joint à la circonstance que la Colonie n'a pu construire que trois ou quatre logements dans l'Iowa, nous empêchera de réaliser notre projet de faire un départ nombreux en automne. Nous ne pourrons probablement envoyer que six personnes, mais nous nous efforcerons de réparer ce retard l'année prochaine.

En attendant, j'irai visiter la Colonie, voir tout par moi-même, et déterminer l'emplacement d'une petite ville ou commune icarienne, dont la construction pourra être commencée au printemps. Puis, je ferai solliciter auprès du Congrès la réponse à la pétition que je lui ai présentée en automne 1854, pour obtenir la concession de 100,000 acres de terre, ou seulement leur vente avec des termes pour le paiement. Si nous pouvons réussir, comme je l'espère, nous aurons bien autrement de crédit, et nous pourrons être bien autrement hardis dans nos entreprises.

J'ai déjà expliqué mes idées générales sur la ville et les logements dans ma brochure : *si j'avais* 500,000 *dollars!* répétée dans le numéro 4 de la *Revue icarienne*. J'ajoute que l'exposition, pour la ville et les logements doit être, non aux quatre points cardinaux suivant l'usage, mais dans la direction de la diagonale du nord-est au nord-ouest, en sorte qu'il n'y ait pas de logements exposés entièrement au nord ou au sud, ou à l'est, ou à l'ouest, mais des logements exposés au nord-est, ou au nord-ouest, ou au sud-est, ou au sud-ouest. — J'ajoute encore que les logements devront être tous à peu près égaux, mais cependant divisés en plusieurs classes pour chaque ménage, avec famille ou sans famille, pour plusieurs veufs ou plusieurs veuves, pour plusieurs jeunes garçons ou plusieurs jeunes filles.

RESSOURCES FINANCIÈRES. — Les ressources financières de la Communauté consistent dans : les apports remis à Paris et à Nauvoo, les dons ou souscriptions, les emprunts ou achats à crédit ; les produits du travail fait pour le public, — Ce produit du travail pourra et devra être considérable à l'avenir ; mais il ne l'est pas beaucoup jusqu'à présent.

Les ateliers qui gagnent le plus en argent sont : le moulin avec ses accessoires, l'imprimerie, les tailleurs, les mécaniciens, les cordonniers, les boulangers, les peintres, l'horloger, les menuisiers, les tourneurs et le médecin.

Quoique les autres ateliers ne travaillent pas pour le public, et ne reçoivent rien de lui, leur travail n'est pas moins productif en réalité, parce qu'il n'est ni moins utile, ni moins nécessaire à la Communauté, et parce que les premiers ne pourraient rien gagner sans eux.

J'avais le projet d'exhorter les Icariens du dehors à des avances sur leurs apports ou ceux de leurs enfants, à des dons, des souscriptions et des prêts etc. ; mais différentes circonstances m'ont fait ajourner l'exécution de ce projet, que je reprendrai sans doute bientôt.

Je me suis expliqué plus haut sur la possibilité d'établir des industries productives.

BUREAU ICARIEN A PARIS.

Le Bureau Icarien à Paris, situé rue Baillet, n° 3, est occupé, gardé, dirigé, par ma femme et ma fille, et par le

citoyen Beluze, qui ont ma procuration, et qui agissent en
mon nom et comme mes mandataires, qui vendent mes écrits,
qui les font imprimer (avec les clichés que j'ai fait faire à
Paris avant mon départ, soit pour mon *Histoire populaire de
la Révolution française*, soit pour mon *Voyage en Icarie*,
soit pour mon *Vrai Christianisme*), et qui reçoivent les Icariens de France pour leur donner les renseignements nécessaires. Ma femme avec sa fille gardent seules le Bureau lorsque
le citoyen Beluze est obligé de s'absenter et même de faire des
voyages pour les affaires de la Colonie, et lorsqu'il est arrêté
et emprisonné, comme cela est arrivé plusieurs fois pendant la
persécution icarienne. C'est lui, assisté d'un conseil de trois
Icariens, qui fait les affaires de la Colonie à Paris, qui correspond avec elle et avec tous les Icariens de France, qui prépare et organise les départs pour l'Amérique, qui reçoit les
apports, etc., qui les envoie immédiatement à Nauvoo, en
traites sur New-York, qui fait les achats, paiements et remboursements.

Il tient des écritures régulières, et envoie à la Communauté,
après chaque mois, le compte de ce qu'il a reçu et payé.

Nous avons vu ci-dessus, page 4, que, lors des départs
en 1848, le Bureau avait dépensé une somme de 111,910 fr.
pour les préparatifs du départ, et qu'il a remis aux divers
directeurs des différents départs une autre somme de
174,057 fr., y compris onze traites pour 30,225 fr. envoyées
en 1849 et 1850. Depuis, il a envoyé à la Colonie les traites
suivantes, et fait pour elle les achats et remboursements qui
suivent :

TRAITES ENVOYÉES DE PARIS A NAUVOO.

1851	11	traites......................................	§	3,800
1852		—		2,800
1853		—		2,700
1854	16	— depuis le nº 15.......		4,850
		jusqu'au nº 39.......		
1855	28	— depuis le nº 40.......		8,400
		jusqu'au nº 67.......		
	100		§	22,550

En tout 100 traites, pour lesquelles Paris a payé 22,550 dollars ou plus de 118,000 francs.

ACHATS FAITS A PARIS POUR NAUVOO.

1852......................................	179 fr.	25
1853..................................	98	50
1854..................................	1,770	60
1855 jusqu'au 31 juillet...........	375	25
Total.......	2,423	60

REMBOURSEMENTS D'APPORTS A PARIS.

1852..........................	6,145 fr.	80
1853..........................	6,241	74
1854..........................	14,780	77
1855..........................	7,971	80
Total.......	35,140	11

Comptabilité à Nauvoo. — Depuis 1852, nos écritures de comptabilité sont régulièrement tenues en partie double, avec un brouillard, un livre de caisse, un journal et un grand livre.

Une commission de comptabilité, composée de trois membres, vérifie, chaque mois, les recettes et les dépenses.

Chaque mois aussi, le membre de la Gérance, directeur des finances, présente à l'Assemblée générale, le compte détaillé de la Caisse, et, fréquemment, il présente à la Gérance la situation financière.

Voilà la situation matérielle ; j'arrive à la situation *morale*.

SITUATION MORALE.

Le septième anniversaire du départ de la première avant-garde, célébré le 3 février 1855, a été l'occasion d'une fraternisation solennelle, qui a prouvé combien l'habitude de la vie commune et fraternelle a fait de progrès parmi nous, ainsi qu'on peut le voir dans la brochure : *Célébration du septième anniversaire*, contenant le récit de cette fête. Et si nous avions plus de dévouement et plus de bien-être, on nous verrait fraterniser plus complétement ou plus constamment, et la fraternité complète et constante ferait le triomphe de la communauté.

Mais, pour avoir plus de bien-être, il nous faudrait plus de propagande ; et pour que je puisse faire plus de propagande, il faudrait que je fusse content, que l'union la plus parfaite régnât parmi nous, et que je pusse compter sur vous comme vous pouvez compter sur moi.

Or, je vous l'ai déjà dit en commençant, je ne suis pas content ; nous ne connaissons pas assez nos principes et nous ne les appliquons pas assez ; nous n'avons pas assez d'union et de fraternité, d'ordre et d'économie, de discipline dans le travail, de fidélité pour toutes nos conditions d'admission ; et pour vous le démontrer, je vais les passer rapidement en revue.

Je vous l'ai déjà dit, et je vous le répète encore ; je désire ardemment vous éclairer sans vous blesser ; je veux vous parler comme Fondateur d'Icarie plus encore que comme Président ; mais je crois nécessaire de vous parler sans réticence, en vous ouvrant mon âme toute entière.

Je serai d'autant plus hardi que mes observations ne s'appliquent qu'à quelques-uns qui s'égarent, sans atteindre la masse, que je sais être animée des meilleures intentions.

Je serai d'autant plus hardi encore, que vous ne pouvez douter ni de mon affectueux dévouement, ni de ma constance à proclamer ce principe de haute philosophie : que les imperfections du peuple sorti de l'ancienne organisation sociale, sont moins sa faute à lui que la faute de cette organisation.

Je n'entends pas discuter, mais seulement vous donner mon avis, mon opinion, mon sentiment, sur ce que je crois absolument nécessaire pour le succès de la communauté.

Je voudrais rappeler ici, avec leurs motifs, nos conditions d'admission du 22 janvier 1850, et notre Réforme Icarienne du 23 novembre 1853; mais ce serait trop long; et comme vous les avez imprimés en deux petites brochures, vous pouvez les relire, je vous engage à le faire, et je citerai seulement l'énoncé de chaque condition.

1re condition : — *Bien connaître les écrits Icariens.*

Puisque la Communauté Icarienne a pour but spécial d'appliquer et de faire réussir le système Icarien, il est évidemment indispensable d'approuver et par conséquent de connaître ce système Icarien. Aussi, tous ceux qui demandent leur admission en Icarie doivent d'abord déclarer, et déclarent en effet, par écrit, qu'ils connaissent parfaitement, et approuvent sans réserve ce système Icarien. Cependant, beaucoup sont admis sans bien connaître, par conséquent sans bien approuver, par conséquent encore en trompant ou en se trompant eux-mêmes, séduits par nos principes de fraternité et d'égalité, par des sentiments généreux, et par l'espérance du bien-être en travaillant; puis, quand ils sont à l'œuvre en Icarie, aux prises avec le travail, avec quelques gênes et quelques privations, presque tout leur paraît nouveau, les arrête et soulève des objections et des discussions, ce qui a d'innombrables inconvénients.

Pour éviter ces inconvénients, je ferai, le plus tôt possible, un *Supplément aux conditions d'admission*, et un *Guide de l'Icarien arrivant en Icarie*, pour lui indiquer tous les détails de notre organisation, tous ses devoirs, toutes ses obligations, et pour lui faire toutes les questions nécessaires, en sorte que, avant de quitter la France, il connaisse absolument tout, et que, en arrivant dans la Colonie, il n'ait à faire aucune objection quelconque, ayant tout connu et tout accepté avant le départ.

2e condition : — *Savoir lire, écrire et signer.* Plusieurs

Icariens, un trop grand nombre, ont été, par des considérations particulières, admis sans savoir lire et écrire, ce qui a de nombreux inconvénients, ce qui les empêche de pouvoir faire des rapports, par conséquent de pouvoir être élus, soit directeurs d'atelier, soit fonctionnaires publics, soit même membres de la Gérance.

Désormais, c'est une nécessité d'être plus rigoureux à cet égard dans les admissions.

L'inconvénient est bien plus grave encore de la part des étrangers, hommes, femmes et enfants, qui ne savent pas le français, qui, par conséquent, ne peuvent pas connaître parfaitement notre système, nos principes et notre organisation, qui ne peuvent ni comprendre, ni se faire comprendre, qui sont exposés et nous exposent à toutes sortes d'erreurs plus ou moins fâcheuses, avec lesquels je ne puis m'expliquer, et dont plusieurs ont refusé d'assister à nos assemblées générales, quoique nos lois prescrivent cette assistance comme une indispensable nécessité. A l'avenir, cette nécessité nous rendra forcément plus rigoureux dans les admissions d'étrangers qui ne parleraient pas français, comme nous prendrons, aussitôt que possible, toutes les mesures nécessaires pour apprendre la langue à ceux qui ne la savent pas.

3° Condition : *Adopter complètement le système Icarien.* Je ne suis parti, moi, et vous n'êtes partis vous tous, que pour fonder Icarie conformément au système Icarien. Ni vous, ni moi, nous ne serions partis pour un autre système, ni pour un système d'*individualisme* et d'égoïsme, ni même pour un système de Communauté autre que la communauté icarienne, décrite dans le *Voyage en Icarie* et dans tous les écrits icariens. C'est un engagement, et un engagement sacré, contracté entre vous et moi, entre vous tous associés pour fonder Icarie, entre vous et tous les Icariens du dehors. — Cependant, il en est quelques-uns qui, s'abandonnant à leur *impatience* de voir la Communauté complètement établie avec tout son bien-être, rêvent une autre communauté mêlée d'individualisme et d'égoïsme, et voudraient peut-être transformer Icarie en une communauté de propriétaires individuels, d'industriels et de travailleurs salariés suivant leur travail. Si ce fait est vrai, et je suis convaincu qu'il l'est, c'est une folie, outre que c'est la violation des engagements les plus sacrés entre eux et moi, entre eux et nos vieillards, nos infirmes, nos femmes et nos enfants orphelins ou autres ; c'est une espèce de trahison ; et de là toutes sortes de tiraillements, d'entraves et d'obstacles, qu'il faudra bien surmonter.

4ᵉ condition : — Agir par dévouement à la communauté Icarienne, dans l'intérêt du Peuple et de l'Humanité toute entière, en se considérant comme un soldat de l'Humanité.

Ce dévouement est assurément une chose sublime, infiniment utile à la cause générale, mais c'est, pour des hommes élevés dans l'ancien monde, une chose bien difficile, une vertu bien méritoire. Avant de partir, vous avez pris, avec autant de sincérité que d'enthousiasme, l'engagement solennel d'être dévoués ; et si tant de revers ne vous avaient pas assaillis, vous vous seriez toujours montrés dévoués, mais quelques-uns semblent avoir oublié leur généreux engagement, et ne se laisser guider que par l'égoïsme. Cependant, un grand nombre, plus grand certainement que dans aucune autre société, savent écouter encore l'inspiration du dévouement, et se montreront de plus en plus dévoués, en se rappelant sans cesse qu'ils en ont pris l'engagement.

5ᵉ condition : — Se dévouer spécialement à la cause des *Femmes* et des *Enfants*. — C'est un des buts principaux du système Icarien, qui le distingue surtout de tous les autres systèmes, qui l'ennoblit et qui l'honore particulièrement. Beaucoup d'entre vous ont certainement, pour les femmes et les enfants en général, plus d'égards et de bienveillance que le peuple n'en a communément dans les vieilles sociétés ; mais vous n'en avez pas encore autant que le réclame la doctrine Icarienne ; et beaucoup se montrent trop insoucieux et trop indifférents à cet égard, lors même qu'ils s'abstiennent de rien faire qui puisse nuire à l'éducation des enfants. Néanmoins, je suis convaincu que le système Icarien produira plus tard tous ses avantages sur ce point.

6ᵉ condition : — Adopter le principe de l'*Egalité* en tout, sans aucun privilége pour personne. — Ce système d'égalité sans aucun privilége vous plaît également. Cependant je vous signalerai deux exceptions : quelques-uns usurpent des priviléges, des distinctions, des préférences en tout, dans le logement, dans le vêtement, dans la nourriture, etc., etc., en se préférant habituellement aux autres, et créeraient une aristocratie privilégiée et dominatrice, si le principe Icarien n'était pas toujours présent pour les ramener à l'Egalité, tandis que d'autres abusent du principe, en ne reconnaissant aucune différence entre eux et des hommes plus âgés, plus instruits, plus expérimentés, plus capables et plus utiles. Vous avez vu, comme moi, des jeunes gens à peine sortis de l'école, tutoyer des vieillards en invoquant l'Egalité, mais ces abus seront faciles à réformer.

7ᵉ condition : — Adopter le principe de la Fraternité. C'est la base du système Icarien et le caractère qui le rend supérieur à tous les autres systèmes ; c'est ce qui vous a surtout entraînés à l'adopter, et ce qui fera toujours votre honneur.

Si vous appliquiez tous ce principe dans toutes ses conséquences ; si vous vous considériez réellement comme des frères et des sœurs ; si vous preniez pour règle de toutes vos actions ce précepte, réputé divin tant il est excellent et sublime : *Aime ton prochain comme toi-même, Fais aux autres ce que tu voudrais qu'ils te fissent,* etc.; si vous aviez ce précepte toujours présent à la pensée; si vous vous aimiez réellement comme des frères et des sœurs ; si vous vous montriez toujours bienveillants, affectueux, polis, indulgents, tolérants, les uns envers les autres, toujours prêts à vous aider, à vous secourir, à vous plaire, à préférer les autres à vous-mêmes, toujours soigneux et attentifs à ne jamais vous blesser par aucune parole ni par aucun acte; si vous traitiez la mère, la femme ou la fille d'un autre, ou son père ou son enfant, comme vous voudriez que cet autre traitât votre mère ou votre père, votre propre femme ou votre fille ou votre enfant, la Communauté ne serait-elle pas un véritable paradis pour vous tous ? Cependant, un trop grand nombre semble oublier qu'ils se sent adoptés comme frères et comme sœurs ; ceux qui arrivent de France, encore échauffés par l'idée de fraternité en Icarie, sont surpris en arrivant de ne pas l'y trouver dans toute sa puissance et tout son éclat. Néanmoins, il n'est peut-être pas une autre Société qui présente autant de Fraternité que notre Société Icarienne ; et nous avons tant d'intérêt à pratiquer cette doctrine de l'amour fraternel que je n'hésite pas à penser qu'un jour Icarie sera le règne de la Fraternité.

8ᵉ condition : — S'engager à s'abstenir soigneusement de *toutes injures*, de *toutes médisances* et de *toutes calomnies*.

S'en abstenir est une nécessité absolue, si nous voulons avoir (et nous le voulons certainement) l'union et la fraternité, la paix et l'harmonie, la satisfaction et le bonheur. Mais l'ancienne organisation sociale donne au peuple tant d'habitudes vicieuses que beaucoup d'entre vous se montrent intolérants et sans indulgence, et s'abandonnent à des discussions tellement vives qu'elles dégénèrent souvent en querelles et les entraînent à des expressions injurieuses, offensantes et tellement blessantes (comme par exemple le reproche de fainéantise), que ces blessures ont entraîné les injuriés à la retraite. Cette retraite est assurément un acte de faiblesse et une faute envers la Communauté, car ce n'est point à cause de l'individu qui a blessé, mais à cause de la Communauté ou de l'humanité que l'Icarien insulté s'est rendu en Icarie, et la Communauté ne devrait pas souffrir d'une faute qui lui est étrangère.

Trop souvent aussi, on s'abandonne à des critiques et à des médisances qui blessent profondément, et peuvent troubler l'harmonie publique. Cependant, ces infractions aux principes sont si manifestement contraires à l'intérêt général, que je n'ai pas le moindre doute qu'elles cesseront complètement tôt ou tard, et bientôt je l'espère.

9° condition : — Adopter le principe de la vraie *liberté*.

Notre système Icarien est, je le soutiens, le plus favorable à la Liberté; car il vous affranchit de la misère, de l'ignorance, en ne vous soumettant qu'aux lois faites par vous-mêmes. C'est une folie, je le soutiens encore, d'invoquer une liberté illimitée et absolue, sans règle et sans frein, qui ne serait autre chose que la liberté pour le fort et pour le riche d'opprimer le faible et le pauvre, la liberté de s'abandonner à toutes les passions, à tous les vices et à tous les crimes ; ce ne serait plus la liberté, mais l'anarchie, la licence, le désordre, la confusion, le chaos et l'esclavage sous le nom de liberté.

Généralement vous partagez mon opinion, que nulle part, il n'existe autant de vraie liberté qu'en Icarie, et vous acceptez volontairement quelques gênes, celle par exemple de commencer le travail à la même heure, parce que vous reconnaissez généralement l'impossibilité d'obtenir les inestimables bienfaits de la Communauté, notamment de la suppression de la misère, sans le travail, sans l'organisation et l'ordre dans le travail, comme sans discipline parmi les travailleurs.

Cependant, quand l'Administration a voulu faire faire certaines choses utiles, ou empêcher certaines choses nuisibles, vous avez vu quelques hommes dire et quelques enfants répéter, en résistant : Est-ce que j'ai fait trois mille lieues pour n'être pas libre ?

Mais la raison publique ramènera certainement tout le monde au culte de la vraie liberté.

10° condition : Adopter le principe de la *Communauté*, en renonçant à toute *propriété individuelle.* — C'est le caractère distinctif de la Communauté ; le Communisme est le contraire de l'individualisme ; tout y est mis en commun ; et c'est par ce moyen que l'on peut parvenir à supprimer la misère et toutes ses conséquences. Vous avez tous adopté ce principe libérateur : mais tout en étant convaincu qu'il est le seul moyen de remédier à tous les maux de l'Humanité, les habitudes de l'ancien monde sont si puissantes que vous n'avez pas encore pu tous vous habituer à toutes les applications du principe de la Communauté. — Ainsi, par exemple, quelques citoyennes ont vendu secrètement, à des étrangers, quelques-uns des vêtements ou des meubles à leur usage, sans réfléchir probablement qu'elles n'en avaient pas le droit, puisque ces objets n'étaient plus leur propriété personnelle, mais celle de la Communauté, qui seule pouvait en disposer. — Cependant je ne doute pas que ces légères infractions au système n'auront plus lieu, quand toutes les conséquences de nos principes seront plus parfaitement connues, et quand la Communauté pourra mieux pourvoir à tous les besoins réels de ses membres.

11° condition : — Adopter le principe de l'Unité.

Vous l'avez tous adopté ce principe, comme avant vous désiriez que le peuple entier agît comme un *seul homme* ; vous avez tous promis de faire tous vos efforts pour que la Société Icarienne n'eût qu'un corps, qu'un cœur et qu'un esprit, parce que vous avez senti qu'aucune puissance n'égalerait celle de la Communauté, quand elle réaliserait ce principe *d'unité*. Et quels ne seraient pas en effet notre progrès, notre développement, notre puissance en tout genre, s'il n'y avait eu aucune dissidence, aucune division, aucun désaccord parmi nous ; si nous avions toujours parlé, écrit, agi, comme un seul homme ayant un seul cœur ! Si nous ne parlions jamais entre nous que pour nous développer les bienfaits de la Communauté, et si nous n'écrivions jamais au dehors que pour raconter (toujours avec vérité) notre union, notre sécurité, notre bonheur, notre patience, notre courage pour vaincre toutes les difficultés d'une colonie naissante ! Si nous étions nnanimes pour faire nos lois et nos règlements, sans perdre notre temps en discussions et en paroles improductives, concentrant notre activité et notre énergie sur le travail et sur notre marche en avant !

Cette perfection dans l'unité était sans doute difficile pour nous qui sortions de l'ancien monde, et qui nous trouvions lancés, avec si peu de ressources, au milieu des mille obstacles d'une gigantesque entreprise. Le fait n'en est pas moins vrai, que nous n'avons pas encore l'unité nécessaire, que nous avons des divisions, que nous nous livrons souvent, soit pendant nos réunions, soit pendant le travail, à des discutailleries inutiles et nuisibles, mais tout en étant contrarié, et sans en être surpris, je ne désespère pas que vous aurez assez de raison et de courage pour remplir tous vos engagements et pour sauver tous vos intérêts.

12me condition : —Apporter ou céder à la Communauté *Tous ses biens* quelconques. C'est la conséquence, l'application, l'exécution du principe de la Communauté que vous avez tous adopté.

13me condition : — Ne rien *cacher ni retenir*. C'est encore une conséquence forcée du principe. Un véritable Icarien ne peut ni cacher, ni retenir. Celui qui cacherait ou retiendrait, s'exposerait à l'exclusion; car ce serait un mensonge, une fraude, une espèce de vol, une bassesse qui prouverait qu'il n'est pas Icarien, et qui le rendrait indigne de vivre en Icarie.

14me condition : —Apporter au moins 300 francs ou 60 dollars, indépendamment d'un bon *Trousseau* complet et suffisant pour deux ans. Chacun de vous doit sentir que l'apport est de toute nécessité; car autrement, comment la Colonie pourrait-elle faire toutes les avances nécessaires pour la nourriture, le logement, le vêtement, etc., etc., de sa population ?

L'apport de 300 francs, indépendamment des frais de voyage et de trousseau, bien considérable sans doute pour les travailleurs de l'Ancien Monde, dont le plus grand nombre sont même incapables de le fournir, est bien faible, trop faible même en réalité, pour la Communauté, chargée d'une dépense immense.

Cependant, nous ne voyons que trop souvent des apports incomplets ou des apports en objets qui ne sont pas nécessaires à la Colonie, ou des trousseaux composés d'objets de luxe ou de vaine toilette, sans comprendre les objets vraiment utiles : C'est de l'égoïsme, de la vanité, c'est n'être pas Icarien, tromper et compromettre la Communauté ; c'est la forcer de se montrer plus sévère dans les futures admissions.

15ᵐᵉ condition : — Exercer une industrie *utile* ou pouvoir être employé à un travail utile quelconque : La Communauté ayant pour but de supprimer la misère, ne peut y parvenir que par le travail : c'est donc un devoir pour chacun de travailler et de pouvoir exercer une industrie utile, et personne ne doit se présenter en Icarie s'il est incapable de payer sa dette de travail. Mais, d'une part, si, d'après notre principe d'égalité, chacun doit également travailler, chacun n'est raisonnablement obligé de le faire que proportionnellement à sa force, et celui qui fait ce qu'il peut fait ce qu'il doit. D'autre part, les travaux de l'intelligence sont aussi nécessaires à la Société que le travail des bras. Souvent même, le travail des bras serait inutile s'il n'était pas guidé par le travail de l'intelligence. La science éclaire l'art et le féconde. La Communauté ne peut pas plus se passer de savants, d'ingénieurs, d'architectes, de médecins, de professeurs, etc., que de maçons et de laboureurs. Vous le comprenez généralement, et généralement vous appelez de vos vœux des hommes instruits, expérimentés, capables et habiles ; et plus ils seraient capables de servir mieux que vous la Communauté, plus vous seriez satisfaits. Vous ne toléreriez pas une aristocratie de savants, pas plus qu'une aristocratie de fortune ; mais vous ne toléreriez pas davantage une aristocratie des muscles et des bras. Cependant, il en est parmi vous qui semblent dédaigner ou voir avec jalousie la science et le talent, et n'estimer que leur travail manuel : mais c'est n'être pas Icarien, c'est de la déraison condamnée par le bon sens de la masse d'entre vous.

16me condition : — S'engager à exécuter le travail qui sera attribué par l'Administration, et surtout *travailler à la terre,* s'il est nécessaire :

D'abord, vous êtes bien convaincus tous que le travail serait sans production s'il n'était pas organisé, dirigé, discipliné ; que, par conséquent, la direction suprême ou l'Administration doit distribuer les travailleurs dans les différents ateliers, et que chaque travailleur doit accepter l'emploi ou le travail qui lui est assigné. Cependant, il en est quelques-uns parmi vous, j'ai bien du regret à le dire, qui ont refusé, sans motifs, par caprice ou par abus d'une liberté illimitée, le travail qui leur était demandé dans l'intérêt de la Communauté, ou qui l'ont abusivement abandonné après l'avoir accepté. C'est un fait infiniment grave ; car c'est la violation d'un engagement et d'un devoir, par conséquent un acte d'improbité qui peut paralyser l'industrie et rendre impossible toute entreprise industrielle, et qui mérite l'exclusion ; car celui qui viole les règlements sur ce point, peut également les violer sur tous les autres, et tous les travailleurs pourraient refuser ou quitter le travail, si l'un d'eux pouvait le faire impunément.

En second lieu, c'est un devoir pour l'Administration d'employer chaque citoyen suivant son goût et ses aptitudes, soit par application du principe de Fraternité qui doit porter à lui rendre le travail agréable, soit par intérêt pour la Communauté pour laquelle il travaillera d'autant plus utilement qu'il travaillera avec plaisir. — C'est un devoir aussi pour l'Administration de ménager l'arrivant dans les premiers temps de son arrivée.

En troisième lieu, nous avons raison d'exiger que, avant de partir, chacun s'engage à travailler à la terre, quand l'Administration le jugera nécessaire, surtout pour les récoltes qui réclameront un grand nombre de bras. — Quelques-uns on trouvé dur et fatigant ce travail auquel ils n'étaient pas habitués : mais c'est une nécessité à laquelle ils finiront par s'habituer, comme nos enfants en prendront l'habitude dès leur enfance. D'ailleurs, le travail pourra s'organiser de manière à n'avoir plus rien de pénible, et à prendre au contraire le caractère d'un amusement et d'une fête.

17me condition : S'engager à travailler dans les *Ateliers*. —
C'est une évidente nécessité pour l'ordre, l'économie, pour la facilité du travail et pour la production. C'est même le moyen de rendre le travail agréable et attrayant dans les ateliers, dans ceux de femmes surtout, qu'il est possible d'animer et d'égayer par des lectures ou des chants. — Cependant, quelques personnes ont essayé de se soustraire à l'obligation de l'atelier pour être plus libres chez elles : mais c'est un abus qui cessera parce qu'il est contraire au principe d'Égalité, à celui d'économie et à l'Opinion générale.

18me condition : Donner à la Communauté toute son industrie, toute sa capacité, tout son temps. — C'est une conséquence de la 12me condition, d'après laquelle chaque Icarien doit apporter à la Communauté tout ce qu'il a. Il ne peut pas même, généralement, travailler pour lui, ou pour sa famille, ou pour ses amis particuliers, parce que cela n'est pas nécessaire, puisque la Communauté leur fournit tout ce dont ils ont besoin, parce que le contraire rendrait faciles l'abus et le désordre. Par exemple, on a vu des travailleurs entrer dans l'atelier hors des heures de travail, pour y faire, avec les outils et le bois de la Communauté, de jolis petits meubles, des jouets pour leurs femmes ou leurs enfants, qui se trouvaient alors des privilégiés, ce qui excitait des jalousies, des critiques et des mécontentements qui troublaient plus ou moins l'harmonie dans la Société.

19me condition : Être *laborieux*. — C'est une nécessité évidente que tous les membres de la Communauté aient le goût du travail, puisqu'ils doivent travailler. Vous avez tous déclaré

en entrant que vous possédiez cette qualité Icarienne, et
presque tous, en effet, vous êtes laborieux. Cependant il en
est quelques-uns qui sont accusés de manquer de zèle et d'activité pour le travail, ce qui est un grand inconvénient pour
eux, comme un grand inconvénient pour la Communauté.
Elle a même refusé d'admettre définitivement quelques individus qui, pendant leur noviciat, ne s'étaient pas montrés suffisamment laborieux.

20me, 21me et 22me conditions : — Être *vigoureux*; n'être
pas *trop âgé*; n'avoir ni *maladie contagieuse*, ni maladie
incurable ou grave, ni *infirmité* qui puisse rendre impropre
au travail.

C'est encore une évidente nécessité pour Icarie, surtout
dans le commencement de sa fondation ; car elle ne peut évidemment prospérer que par le travail ; et si, par ces différentes causes auxquelles viennent se joindre les indispositions
résultant de la fatigue, et les maladies provenant presque inévitablement de l'acclimatation, un grand nombre d'individus
sont, plus ou moins longtemps, empêchés de travailler, cas
auquel un grand nombre d'autres en sont empêchés aussi pour
les soigner et les garder, les ateliers peuvent se trouver désorganisés, le travail paralysé et la Société compromise. C'est
ici une question capitale.

Cependant, par une foule de circonstances diverses, la
Communauté, qui comprend aujourd'hui 204 hommes, dont
193 au-dessus de 20 ans, et 11 jeunes gens de 16 à 20, et 129
femmes, dont 14 jeunes filles de 16 à 20, et 131 enfants au-
dessous de 16 ans, dont 73 petits garçons et 58 petites filles,
renferme 45 individus de 50 à 60 ans, dont 27 hommes et 18
femmes, et 11 au-dessus de 60, dont 5 hommes et 6 femmes,
et parmi les 125 femmes, on compte 35 nourrices.

Or, les 131 enfants et les 35 nourrices ne travaillent pas ou
peu, et les 56 individus au-dessus de 50 ans, surtout les 11
au-dessus de 60, ne peuvent pas travailler beaucoup, soit à

cause de leur âge, soit à cause de quelques infirmités, qui les exposent d'ailleurs davantage aux maladies de l'acclimatation.

Aussi la dépense en médicaments est-elle considérable.

Et le nombre des malades soignés à l'infirmerie est considérable aussi, comme le constate le rapport de l'infirmier, ainsi qu'il suit :

RAPPORT DE L'INFIRMERIE.

	1853.		1854.		1855.	
	Nombre des Malades.	Nombre des Journées.	Nombre des Malades.	Nombre des Journées.	Nombre des Malades.	Nombre des Journées.
Janvier . . .	17	163	3	112	13	105
Février . . .	11	186	5	102	10	94
Mars	11	106	10	181	12	147
Avril	17	95	10	129	6	56
Mai	8	59	7	118	21	167
Juin.	14	69	11	151	8	90
Juillet. . . .	15	109	29	226	14	94
Août. . . .	28	255	32	328	26	278
Septembre. .	36	369	27	328	24	189
Octobre. . .	20	271	29	308		
Novembre. .	13	197	16	140		
Décembre. .	9	118	8	55		
	199	1,987	187	2,173	134	1,220

A ce tableau des malades soignés à l'infirmerie, il faudrait joindre le nombre, plus considérable encore, des malades soignés à domicile et des journées employées à soigner ces malades chez eux, et les femmes pendant leurs couches, que de travailleurs enlevés au travail ! Combien sont nécessaires ces trois conditions relatives à la santé ! La Colonie ne pourra se montrer trop sévère à l'avenir pour exiger l'accomplissement de conditions si essentielles à sa prospérité.

23** condition : Être *tempérant, frugal, simple.*

Certainement l'une des principales causes de la misère du Peuple, c'est le vice de l'organisation sociale qui le fait naître dans la misère, et qui lui refuse les moyens d'en sortir. Aussi, voit-on souvent, dans le Vieux-Monde, des ouvriers laborieux végéter et mourir dans l'indigence, quoiqu'ils aient toutes les qualités et même toutes les vertus : mais il faut le reconnaître, on voit beaucoup de malheureux qui doivent à eux-mêmes la continuation de leur misère, parce qu'ils ne sont pas assez laborieux, parce qu'ils s'abandonnent à la dissipation, au plaisir, au jeu, etc., au lieu de travailler pour gagner des moyens d'existence, ou parce qu'ils s'abandonnent au sensualisme, à la gourmandise, à l'ivrognerie, à la débauche, en dépensant déraisonnablement tout ce qu'ils gagnent par leur travail, au lieu d'économiser par l'habitude de la tempérance, de la frugalité, de la simplicité, en se contentant du nécessaire.

Puisque Icarie, ou la Communauté, veut supprimer la misère, il faut donc, non seulement que l'Icarien soit travailleur, mais encore qu'il soit tempérant, frugal, simple. Ce n'est qu'avec ces qualités qu'il pourra se procurer l'aisance et le bien-être, en arrivant progressivement du nécessaire à l'utile, puis à l'agréable.

C'est donc avec raison que, dans le système Icarien, la tempérance, la frugalité, la simplicité, sont proclamées des qualités Icariennes et des conditions absolues d'admission en Icarie.

Vous l'aviez bien reconnu tous, puisque, en demandant d'être admis, vous avez déclaré et presque juré que vous possédiez ces précieuses qualités, et puisque vous avez pris l'engagement de remplir ces conditions et de pratiquer ces vertus.

Beaucoup d'entre vous sont restés fidèles à leurs déclarations, à leurs promesses et à leurs engagements ; mais quelques-uns, et même beaucoup trop, créent des embarras à la

Colonie, en augmentant ses dépenses par leur manque de tempérance, de frugalité, de simplicité.

Vous aviez tous dit que vous partiez par dévouement à l'Humanité, que vous vouliez supporter les privations et les gênes ; et néanmoins beaucoup d'entre vous pourraient être appelés des viveurs ou des sensualistes ; je n'ai vu personne souffrir de la faim, mais j'ai vu beaucoup d'indigestions : une mère tuer ses enfants par trop de nourriture, et un vieillard se tuer lui-même en mangeant avec excès, contre l'avis de ses amis, des melons et des pastèques dans un temps de choléra.

Nous voyons même, je le dis encore à regret, et j'en rougis pour vous, de l'ivrognerie dans une Société qui ne devrait voir que de la tempérance. Il est vrai que je ne pourrais citer qu'un ivrogne ; mais un ivrogne en Icarie, c'est trop, infiniment trop ; car c'est je ne sais quoi parmi des hommes qui ne veulent pas être les esclaves de leur ventre, et qui ont pris l'engagement de donner l'exemple de toutes les vertus pour fonder le bonheur de l'Humanité.

J'en dirai presque autant de la coquetterie. C'est elle qui, dans l'Ancien-Monde, cause souvent la ruine des ménages et des familles, en y semant des désordres et des troubles de toute espèce ; et c'est elle qu'il faut soigneusement empêcher d'entrer en Icarie, où l'Icarienne n'a d'abord besoin, pour parure, que de sa raison, de ses qualités et de ses vertus.

Il m'est bien pénible de contrarier des êtres dont le sort excite si vivement toute ma sollicitude, et je pourrais me plaindre de ce quelques-unes d'elles ne craignent pas de me contrarier moi-même en me mettant dans la nécessité de les combattre dans leur intérêt ; mais je ne sais plus où je suis quand je vois des femmes qui se disent Icariennes, et qui ont promis d'en avoir toutes les qualités, transporter les modes de Paris à Nauvoo et s'occuper de l'agréable plus que du nécessaire, tandis que j'ai vu les Icariennes de Paris sacrifier leurs bijoux pour faciliter la propagande, comme j'ai su que les Lyonnais avaient établi un *jeune Icarien*, en économisant quelques sous sur leur vin de chaque repas, afin de soutenir la même propagande.

Si encore celles qu'entraîne le goût du luxe et de la toilette, enrichissaient la Colonie !... Mais ne sont-ce pas souvent celles qui ont le plus besoin d'invoquer sa générosité ou celle des Icariens du dehors ?

Pour moi, je me sens la force et le courage de me faire quêteur pour des femmes laborieuses, frugales et simples, comme pour des hommes travailleurs et tempérants ; mais je ne voudrais faire aucun effort en faveur des femmes qui violeraient leurs engagéments par entraînement pour la toilette, pas plus que pour des ivrognes ou des viveurs.

Heureusement que celles qui peuvent trop aimer la toilette, sont en très petit nombre parmi vous, et que la masse est convaincue que, si la Communauté doit donner un jour aux Icariens l'*agréable* en tout genre, ils doivent d'abord se contenter du *nécessaire*.

Du reste, ce sont nos enfants surtout qu'il faut habituer à la tempérance, à la frugalité, à la simplicité, pour former une nouvelle génération vraiment Icarienne. Mais, prenons-y garde! pour y parvenir, il faut que les parents concourent avec les instituteurs pour ne donner aux enfants que des exemples Icariens et des leçons Icariennes !...

Or, sous ce rapport, nous sommes loin de la perfection ; mais je ne désespère pas que nous puissions y parvenir.

24me condition : — Point de *tabac*.

L'usage du tabac est aujourd'hui presque aussi répandu que l'usage du pain, et n'est peut-être pas moins dispendieux ; car c'est par centaines de millions de francs pour chaque pays, et par milliards pour le Genre Humain que l'on compte aujourd'hui la dépense occasionnée par le tabac, et, par conséquent, c'est par cela seul une des causes de la misère générale.

Mais il est incontestable que le tabac n'est ni nécessaire, ni utile à l'homme (excepté dans quelques cas, comme remède, indiqué par le médecin); et, par conséquent, son usage est de l'intempérance comme l'ivrognerie.

Mais le tabac n'est pas seulement dispendieux sans être utile; il est même nuisible et très nuisible sous une foule de rapports, ainsi que je l'ai démontré dans ma brochure *Tempérance*, et dans mon autre brochure *Réforme Icarienne*. Il est malpropre, dégoûtant pour les autres, et par conséquent contraire à la Fraternité; c'est un narcotique contraire à l'activité et au travail; c'est une espèce de poison lent, qui, chez beaucoup d'individus, détruit leur santé; c'est un besoin factice tellement impérieux qu'il rend l'homme esclave de ses sens, en le disposant à toute autre espèce d'esclavage. La pipe ou le cigare, avec leurs briquets ou leurs allumettes, sont tellement dangereux pour le feu, et ont causé tant d'incendies et tant de malheurs, qu'on a senti la nécessité de les interdire dans un grand nombre de circonstances.

Par conséquent, non nécessaire et pas même utile, infiniment nuisible au contraire sous tous les rapports, l'usage du tabac est essentiellement *déraisonnable*.

Pour moi, c'est une des principales causes de la misère du Peuple; c'est un abus qui engendre ou justifie tous les autres abus, et qui les perpétuerait s'il se perpétuait lui-même.

Pour moi, la réforme radicale sur le tabac est une indispensable nécessité si l'on veut d'autres réformes et des améliorations dans l'Humanité.

Aussi, voulant fonder une Société modèle, et m'adressant à vous pour vous faire partager l'honneur de la fonder, je vous ai dit: point de tabac en Icarie; et je ne suis parti qu'à cette condition de vous à moi, et vous n'êtes partis vous-mêmes qu'à cette condition des uns envers les autres.

Cependant, par une suite de circonstances extraordinaires, surtout pendant mon voyage en France, beaucoup ont conservé ou repris l'usage du tabac ; et même, par le seul effet de l'exemple, quelques-uns qui n'avaient pas cet usage, l'ont adopté ; d'autres qui fumaient seulement ont ajouté la chique à la pipe ; quelques-uns ont fumé dans des réunions publiques, même dans le réfectoire, même à l'infirmerie, même à table, sans craindre d'incommoder leurs frères ; d'autres ont fumé même dans leurs lits, même dans les ateliers, au milieu de matières inflammables, bravant le danger d'y mettre le feu, comme cela est arrivé à celui qui a incendié l'une de nos écuries, et comme c'est peut-être la cause de notre dernier incendie qui nous a occasionné une perte si considérable ; d'autres enfin fumaient en présence des enfants et même dans l'école, sans craindre de les exciter à prendre une si pernicieuse habitude.

Tous ces inconvénients sont si manifestes et si graves que, deux fois, en novembre 1853, et récemment en janvier 1855, sur ma proposition et mes exhortations, vous avez adopté la réforme sur le tabac en décidant : 1° que nous désirions et voulions la suppression du triple usage du tabac ; 2° que nous exhortions tous les Membres de la Colonie qui avaient cette habitude à faire tous leurs efforts pour s'en débarrasser le plus tôt possible ; 3° que, par une concession, jugée nécessaire, ceux de ces Membres qui déclareraient n'avoir pu encore y parvenir, seraient tolérés pour la continuer temporairement jusqu'à ce qu'ils aient pu s'en débarrasser ; 4° mais qu'ils se feraient connaître, qu'on leur délivrerait des provisions de tabac par mois, ou par quinzaine, ou par semaine, et qu'ils ne fumeraient, etc., ni dans aucun lieu public, ni dans aucun atelier ; 5° mais qu'aucun membre nouveau ne serait admis sans prendre l'engagement de ne faire aucun usage du tabac. Tout cela était bien expliqué et bien consenti. On a même décidé par une loi positive qu'on ne planterait de tabac ni dans la Communauté, ni dans la Colonie de l'Iowa.

Cependant, plusieurs de ceux qui ont été envoyés à Keokuk pour y prendre les derniers grands départs arrivant de France les ont abordés la pipe à la bouche, ce qui a produit sur eux la plus fâcheuse impression ; d'autres, notamment des Allemands, ont repris leurs pipes quelques jours après avoir formellement pris l'engagement contraire ; d'autres recommencent à fumer publiquement, l'un devant sa porte, le dimanche, en présence de toute la Colonie surprise qui passe devant lui ; un autre va fumer chez un nouvel arrivant étonné ; un autre fume même dans la cuisine d'un atelier mobile ; un autre fume continuellement dans son atelier ouvert, où tout le monde peut l'apercevoir fumant ; d'autres semblent s'entendre pour fumer tous ensemble dans un atelier séparé où presque tout le monde sait qu'on fume, etc., etc., et cette passion pour le tabac est si impérieuse et si désorganisatrice qu'elle entraîne même quelques Icariens et quelques Icariennes dont les sentiments affectueux pour moi me sont personnellement assurés, et qui ne s'exposent à me contrarier vivement que dans l'espérance que j'ignorerai leur violation de nos règlements.

L'abus enfante si facilement l'abus sur la route du sensualisme et de l'intempérance, que, sans se contenter de prendre du tabac en violation de leurs engagements, plusieurs veulent qu'il soit parfumé, et le désordre enfante si facilement le désordre, et le tabac crée tant d'embarras à l'Administration que, pour entrer dans un atelier qui n'a pas besoin de lui, mais où il pourra fumer à son aise, un travailleur quitte son atelier ordinaire où seul il pouvait faire un travail important, urgent et nécessaire, tandis qu'un autre s'expose à l'exclusion en outrageant le Président de la Communauté qui lui demande d'arracher quelques pieds de tabac plantés par lui, en contravention à la loi, dans un des jardins de la Colonie, à côté du bureau du Président de la Communauté.

L'embarras est tel encore pour l'Administration à cause du tabac, qu'elle est obligée d'en faire acheter à Keokuk ou à St-Louis, et d'en envoyer même dans l'Iowa.

Ces abus sont graves, infiniment graves à mes yeux, et ma

conviction est, qu'il est absolument nécessaire de les faire cesser.

Mais je ne désespère pas que la Colonie aura la raison et le courage nécessaires pour y parvenir. Déjà en février dernier, lors de la célébration de notre anniversaire, le toast le plus applaudi a été peut-être celui pour la suppression du tabac, les plus grandes de nos jeunes filles ont annoncé la résolution de n'accorder leur main qu'à de vrais Icariens affranchis du tabac; et beaucoup d'anciens fumeurs, même de courageux vieillards, ont prouvé, en s'en affranchissant, qu'une volonté énergique suffit souvent à l'homme pour vaincre ses habitudes et conquérir sa liberté.

25e condition : Pas de *liqueurs fortes*. — Presque tout ce qui précède sur le tabac s'applique aux liqueurs fortes, et particulièrement au wiskey ou eau-de-vie de maïs; avec cette différence que le wiskey peut être considéré comme utile et peut-être nécessaire aux travailleurs, quand il leur est distribué régulièrement et avec précaution. C'est ainsi que, le matin, pendant l'été, quand les Icariens vont au travail de bonne heure, longtemps avant le déjeuner, on leur distribue dans le réfectoire une goutte de wiskey, avec du pain à discrétion, et que, entre les repas, pendant les chaleurs, on leur remet de l'eau trempée de wiskey. On remet même pendant l'hiver un peu de wiskey aux hommes qui, dans des travaux extérieurs, sont exposés au froid ou à l'humidité. On en remet même aux femmes qui travaillent au ?   ?ou à l'étendage.

D'ailleurs, tout ce qui concerne le wiskey doit être réglé par l'Assemblée générale ou par la loi.

Malheureusement, en fait de liqueurs ou de boissons, comme en fait d'aliments, l'abus ou l'intempérance est tout près de l'usage; et l'abus, ou la prodigalité, ou l'intempérance, ou le sensualisme, ou la profusion, ou le gaspillage, peuvent facilement s'introduire avec le grave inconvénient d'une dépense excessive, sans nécessité, et avec mille autres inconvénients.

C'est pourquoi, avant de partir, je vous ai dit : point de liqueurs fortes ; c'est pourquoi vous m'avez répondu, en prenant cet engagement. C'est également pourquoi l'opinion américaine vient de se prononcer si énergiquement contre l'intempérance.

Cependant, j'ai l'extrême déplaisir d'avoir à vous signaler des abus à cet égard, pratiqués dans certains ateliers mobiles, loin des yeux de la masse. Il en est qui ont pris du wiskey après chaque repas, plus souvent encore, et en plus grande quantité qu'il n'était consenti.

On a quelquefois employé des prétextes et des mensonges pour augmenter cette quantité. On a fait des provisions de wiskey pour faire des confitures pour son usage individuel ; quelques-uns ont consommé 16 litres de wiskey en six jours, en faisant une salade de pêches avec du sucre et du wiskey ; quelques-uns ont cassé des carreaux ou passé par la fenêtre pour en prendre, quelques-uns se sont trouvés tellement échauffés qu'ils parlaient, critiquaient, injuriaient à tort et à travers ; enfin, je l'ai déjà dit, il en est un, qui, par son état fréquent d'ivresse, pouvait compromettre la Colonie, si une grande Société tempérante et frugale pouvait être compromise par un de ses Membres.

J'espère que tout cela va cesser, autrement l'abus serait intolérable.

26e condition ; — N'avoir ni *prédilection*, ni *répugnance* pour certains aliments. S'il en était autrement la nourriture et la cuisine seraient trop compliquées, trop dispendieuses, et la Communauté pourrait être impossible, dans le commencement surtout, avec trop peu de moyens financiers ; il faudrait une cuisine plus vaste, un plus grand nombre de cuisiniers, plus de soins, plus de temps, plus d'embarras, plus de dépenses ; pour une Colonie qui n'est pas riche, c'est une nécessité qu'elle puisse préparer, à chaque repas, quelques plats seulement pour tous ses membres sans exception.

Vous paraissez l'avoir bien compris tous, puisque vous avez

déclaré avant de partir que vous acceptiez cette condition nécessaire.

Cependant, beaucoup d'entre vous, oubliant leurs engagements, refusent du poisson par exemple, quoiqu'il soit excellent, quoiqu'on en ait pris et préparé pour tous, ce qui a de nombreux inconvénients, et ce qui rend bien plus difficiles la nourriture et la Communauté.

C'est donc une nécessité de se montrer plus sévère dans les admissions à l'avenir ; comme c'en est une d'habituer nos enfants à manger de tout, sans répugnance.

27ª condition : Etre habitué ou résigné aux *gênes* et aux inconvénients de la vie *sociale* ou *commune*.

Quand la Communauté sera complètement établie, elle donnera à la masse infiniment plus de bien-être et d'agréments que l'individualisme de l'ancien monde, mais il faut du temps, et c'est une inévitable nécessité que, dans le commencement, chacun se sente capable de supporter courageusement des gênes et des privations.

C'est évident, vous l'avez bien compris, et vous avez volontairement tout accepté et tout promis.

Cependant, c'est presque incroyable comme on oublie facilement ses promesses après avoir changé de pays ; beaucoup d'entre vous, quelquefois les moins à l'aise dans le vieux monde, se montrent difficiles et exigeants pour les logements surtout, le vêtement, la nourriture, le travail, les ateliers, ce qui multiplie les dépenses et les difficultés de l'Administration, tout en causant des mécontentements individuels.

Mais je ne désespère pas de vous voir revenir à l'exécution de tous nos principes, et je suis résolu à vous proposer toutes les mesures nécessaires pour y parvenir.

28ᵉ condition : *Ne disposer de rien* de ce qui appartient à la Communauté.

C'est encore une nécessité manifeste ; autrement les plus

égoïstes et les moins travailleurs pourraient tout avoir, tandis que les autres, peut-être les plus laborieux, n'auraient rien. C'est à l'Administration à faire distribuer, autant que ses moyens le lui permettent, tout ce qui est nécessaire; mais personne ne peut disposer de rien de ce qui est la propriété commune, suivant son caprice et pour sa satisfaction individuelle. Ce serait une espèce de vol au préjudice de la Communauté.

Vous l'avez bien compris, accepté, promis.

Cependant beaucoup semblent ne plus comprendre quand ils sont dans la Colonie; car beaucoup, des femmes surtout, prennent arbitrairement des fruits, des fleurs, des légumes; quelques-unes ont irrégulièrement disposé d'une partie de leur trousseau en la vendant à des étrangers ou en l'échangeant, tandis que des ouvriers disposent des matières premières qui se trouvent dans leur atelier, pour se faire de petits meubles dans leur intérêt particulier.

C'est un grave désordre qui augmente la dépense, en excitant des murmures, qu'il faut absolument faire cesser.

29e condition : Pas d'*envie* ou *jalousie*. — Chacun peut et doit réclamer pour l'égalité et contre les priviléges; mais l'envie pourrait troubler la paix et l'harmonie dans la Société, surtout dans la Communauté où tous les membres sont continuellement en contact les uns avec les autres. Que ceux qui se sentent enclins à l'envie et à la jalousie ne viennent donc pas parmi nous; car ils s'exposeraient à n'être pas admis, comme ceux qui se sont montrés jaloux et envieux après leur admission, se sont privés de l'estime que peut seule mériter la pratique de la Fraternité.

30e condition : *Éviter d'exciter l'Envie.* — C'est un point capital, car ce peut être un sujet de mécontentements, de murmures, de critiques et de divisions qui pourrait troubler la Communauté.

Tous les Icariens et toutes les Icariennes ont accepté cette condition et promis de l'exécuter ; mais plusieurs, des femmes surtout, n'ont pas craint d'exciter l'envie pour leur toilette ou celle de leurs enfants, ou par des bijoux irrégulièrement conservés ; c'est prouver qu'on n'est guère raisonnable et guère Icarien. Ce sont de petites fautes qui produisent de graves mécontentements, et les inconvénients sont tels pour la Communauté que je suis aussi résolu à vous proposer les mesures nécessaires pour les faire cesser. Le meilleur moyen, ce serait, pour la Communauté, de remplacer tous les anciens trousseaux par un nouveau trousseau légal qu'elle fournirait elle-même à tous ses membres. Elle le fera dès qu'elle le pourra ; mais c'est une dépense énorme dont l'impossibilité actuelle me contrarie infiniment.

31ᵉ condition : Être habitué à la *Propreté*. — C'est une nécessité absolue sous tous les rapports et ç'a été de votre part à tous un engagement formel.

Cependant, je suis fâché d'être obligé de le dire, la propreté, intérieure et extérieure, est loin d'être ce qu'elle doit être, et toujours par la difficulté de faire les dépenses nécessaires ; car il faut toujours dépenser pour organiser et améliorer.

Mais comme la propreté publique est un besoin de première nécessité, nous établirons les fonctionnaires et surveillants nécessaires, en organisant tous les moyens de propreté, comme de salubrité, de sécurité et de commodité.

32ᵉ condition : Observer la *Décence* partout, dans les actes et dans les paroles. — C'est également une évidente nécessité, surtout pour une Société modèle qui veut faire de la propagande, et c'est un engagement positif pris par chacun de vous avant l'admission.

Cependant, j'ai l'extrême déplaisir d'avoir à me plaindre de quelques infractions à ce principe ; je n'hésite pas néanmoins à le faire, 1°, parce que ce n'est que le fait de quelques-uns seulement, qui ne peut pas compromettre une Société qui le désapprouve généralement, et parce que je ne doute pas que nous n'en reverrons plus la répétition.

33e condition : — Être *soigneux, économe.*

C'est là une question capitale, car le défaut de soin et d'économie, comme la fainéantise, l'imtempérance et le désordre, sont quelques-unes des principales causes de la misère d'une grande partie du Peuple dans l'ancien monde. Le soin, l'économie, comme le travail et l'ordre, sont donc une nécessité absolue, si l'on veut supprimer la misère, assurer l'aisance et le bien-être, et faire prospérer la Communauté. Vous l'avez bien compris tous, puisque vous avez pris l'engagement d'être soigneux et économes.

Cependant, le fait n'est que trop vrai, beaucoup d'entre vous manquent de soin et d'économie ; on casse, on brise, on brûle, on déchire, on use, on consomme, on perd, on laisse perdre, etc.; on augmente ainsi beaucoup la dépense ; l'incendie du mois de mai est peut-être l'effet d'un défaut de soin ; et quelques-uns ne craignent pas de chercher à se justifier en disant : bah ! c'est la bonne Mère (la Communauté) qui paiera tout et pourvoira à tout. C'est un contre-sens, une folie qui pourrait empêcher la suppression de la misère et le succès de la Communauté, mais le mal n'est pas sans remède, tout le monde est intéressé à le guérir ; et puisque des règlements sont devenus nécessaires, nous les ferons et nous instituerons des fonctionnaires spécialement chargés de tout ce qui concerne le soin et l'économie.

34e condition : *Ni chasse, ni pêche,* comme plaisir.

Comme moyen de fournir des aliments à la cuisine, surtout à l'infirmerie et aux malades, nous organiserons une compagnie de vrais chasseurs et de vrais pêcheurs, expérimentés et habiles, pour qui la chasse et la pêche seront un travail dans l'intérêt de la Communauté ; mais, considérés uniquement comme plaisir, sans utilité pour la Communauté, la chasse et

la pêche sont un contre-sens avec nos principes Icariens ;
car ce n'est pas seulement un plaisir barbare, c'est aussi un
plaisir très dispendieux (par les armes, etc., la poudre, le
plomb, etc., les vêtements que l'on use) ; un plaisir fatigant,
qui peut rendre impropre au travail du lendemain, un plaisir
dangereux, qui expose à tuer ou blesser ses camarades ou
soi-même ; puis à se faire médicamenter plus ou moins longtemps sans travailler ; un plaisir privilégié, puisque le chas-
seur s'amuse aux dépens de ceux qui travaillent sans s'amuser,
et qu'il mange souvent seul le gibier qu'il se procure avec
l'argent de la Communauté.

D'ailleurs, est-ce pour avoir du *plaisir* que vous et moi
nous avons quitté la patrie, en acceptant toutes les privations
et toutes les gênes d'une émigration lointaine. N'est-ce pas
dans un but bien autrement sérieux et bien autrement grand
que celui de nous procurer un vain plaisir ?

Pour moi, je suis profondément convaincu que de vrais
Icariens qui veulent améliorer le sort du Peuple et de l'Humanité, doivent résister au goût du plaisir, et notamment au
plaisir de la chasse qui ouvre la porte au sensualisme et à l'é-
goïsme sous toutes les formes.

Cependant, lorsqu'on a vu la passion de la chasse ruiner
tant de riches et causer tant de misères dans l'ancien monde,
on voit aussi l'amour de la chasse dominer et entraîner quelques hommes en Icarie. On en voit dépenser inutilement l'argent de la Colonie, gâter des fusils qu'ils ne savent ni manier,
ni soigner, négliger les réunions du dimanche pour chasser,
invoquer des prétextes pour s'exempter injustement d'un travail ou d'un devoir, etc., etc.

Mais quand la Réforme de 1853 a réuni 104 voix contre le
plaisir de la chasse ou de la pêche, 27 seulement ont été
d'un avis contraire, et j'espère que l'amour de nos principes
suffira pour débarrasser des dépenses de la chasse et de tous
les inconvénients qu'elle entraîne.

35° condition : Observer le *Silence*. — Mais quoique vous l'ayez tous promis, quelques-uns causent, discutent et quelquefois se disputent dans les ateliers, ce qui nuit au travail et a beaucoup d'inconvénients. Généralement on ne sait pas même ouvrir et fermer les portes sans bruit, même dans le bureau. On parle à haute voix partout, même dans la rue et autour du cabinet où je travaille ; et comme vous passez tous trois ou quatre fois par jour sous mes fenêtres, le bruit me rend le travail pénible quand il ne m'empêche pas de travailler, et l'effet de l'habitude est tel que, même les personnes qui m'affectionnent le plus personnellement, oublient que leurs causeries bruyantes sont une espèce de supplice pour moi.

Je pourrais me plaindre que c'est peu de réflexion, peu des égards que commande la Fraternité ; mais j'espère que vous prendrez des habitudes plus sociales et plus fraternelles.

36° condition : — Aimer *l'organisation et l'ordre*. C'est encore ici une question capitale ; car sans organisation et sans ordre, il ne peut y avoir ni travail, ni production, ni suppression de la misère ; sans organisation et sans ordre, il ne peut y avoir que confusion et chaos dans la Société ; on pourrait dire même qu'il n'y a pas de société, mais l'anarchie, la licence, le désordre et la sauvagerie.

Vous savez que, en France, quand j'étais l'un de ses législateurs, j'avais la réputation d'être, à la tribune, l'organe le plus avancé de la Démocratie, et, je ne craindrai pas de vous le dire (car je dois me considérer comme en famille ici), que je crois que personne n'aime plus que moi la Liberté. Aussi, j'ai toujours dit qu'il n'y a pas de liberté sans organisation et sans ordre. J'ajouterai même que, tout en désirant que l'Ordre et la Liberté ne forment ensemble qu'une seule et même chose, tout en pensant que, dans Icarie, ils doivent être inséparables, je crois néanmoins que s'il fallait préférer l'une à l'autre, je préférerais l'Ordre à la Liberté, parce que, sans ordre, il n'y a rien, tandis qu'avec l'ordre et l'amour de ses frères, on peut organiser et consolider la Liberté.

Avant le départ vous partagiez mes sentiments et mes opinions à cet égard, car à ma voix vous avez préféré la réforme pacifique à la révolution violente, et la propagande à la conspiration; mais ici, je vous le dis avec douleur, quelques-uns d'entre vous paraissent s'abandonner à la séduction d'une liberté sans limites, et quelques-uns mêmes s'oublient jusqu'à vouloir s'affranchir des principes et des lois qui les gênent, en disant : *Est-ce que nous avons fait 3,000 lieues pour n'être pas libres ?* Comme s'ils voulaient être libres de faire aux autres ce qu'ils ne voudraient pas qu'on leur fît à eux-mêmes.

Assurément, c'est de la folie, et même c'est pis que de la folie; mais je ne m'en afflige pas trop, parce que votre opinion publique les a toujours rappelés à l'ordre et les corrigera en les y rappelant tous les jours plus énergiquement.

37ᵉ condition : Se soumettre à la *Discipline.* — C'est encore la même chose; une direction élective, l'obéissance au nom de la loi, la discipline acceptée et consentie, sont une nécessité absolue dans la Société pour l'ordre dans le travail et pour la suppression de la misère, comme dans une armée citoyenne pour la défense de la patrie contre une armée envahissante bien organisée et bien disciplinée; sans discipline, il ne peut y avoir qu'anarchie, chaos et tout ce qu'on voit dans l'ancien monde.

Cependant, quelque déplaisir que je puisse en éprouver, je ne puis hésiter à vous dire, parce que le fait est trop grave et qu'il est généralement réprouvé, qu'il en est quelques-uns qui ont refusé le travail qui leur était assigné, ou qui ont quitté leurs postes malgré leurs chefs. Vous vous rappelez cet autre qui refusa formellement d'obéir au directeur général de l'industrie, lui ordonnant un travail urgent et nécessaire. Je lui demandai vainement en assemblée générale de reconnaître qu'il avait violé nos principes et nos règlements ; et comme il persistait dans son insubordination, j'ajournai l'affaire à la prochaine assemblée générale pour lui laisser le temps de la réflexion et du retour à son devoir, voulant ainsi concilier l'indulgence et la sévérité.—A la séance suivante, il reconnut son erreur, et promit d'être plus fidèle à la loi. Je l'en félicitai et me félicitai moi-même de n'être plus dans la nécessité de vous proposer une répression vigoureuse; mais j'ai déclaré nettement que s'il avait persisté à méconnaître et à violer nos lois, j'étais résolu à vous proposer son exclusion de la communauté.

Et cette exclusion, vous l'auriez certainement prononcée, comme je vous crois résolus à le faire, si l'occasion s'en présentait. C'est pourquoi je ne désespère pas de voir la discipline complètement rétablie.

38ᵉ condition : — S'engager à se *marier* quand on le pourra.

La calomnie, la haine des conservateurs de tous les abus du vieux monde, nous accusent de vouloir la promiscuité des femmes, tandis que, tout au contraire, il n'est pas de système social plus favorable que le système Icarien au mariage et à la famille. Aussi, n'avez-vous pas hésité à prononcer, sur la proposition de la Gérance, l'exclusion de deux femmes provisoirement admises sans leurs maris, et de deux hommes leurs complices, reconnus coupables d'infraction à la loi qui consacre l'inviolabilité de la foi conjugale.

39ᵉ condition : Adopter pour *Religion* : le *vrai Christianisme*, et pour *Culte*, la pratique de la *Fraternité*.

Nous n'avons en Icarie ni superstitions, ni cérémonies ; et ceux qui croient qu'il est absolument nécessaire de tromper, d'abrutir et de fanatiser le Peuple pour le gouverner, doivent trouver bien difficile l'entreprise Icarienne qui n'a d'autre arme que la raison et la vérité : mais, nous Icariens, comment pourrions-nous hésiter à adopter pour religion la doctrine évangélique de la Fraternité, et pour culte la pratique de cette même Fraternité ? Aussi, avant votre départ de France, vous avez adopté mon *Vrai Christianisme* tout aussi bien que mon *voyage en Icarie*, et vous les avez adoptés formellement encore lors de notre Réforme Icarienne en Novembre 1853 et Février 1855.

Cependant, quelques-uns d'entre vous, un très petit nombre, ont manifesté quelques répugnances à l'idée *religion* et *culte*; mais ces répugnances, peu réfléchies, disparaîtront, je n'en doute pas, quand je pourrai satisfaire le vœu général, en reprenant mon cours Icarien ou mes Instructions Icariennes, forcément suspendues à mon regret.

40° condition : S'engager à n'être *jamais hostile*. — Être hostile et vouloir nuire à ceux qu'on a adoptés comme des frères, c'est assurément une monstruosité, mais cette monstruosité, vous l'avez vue, et j'en serais bien plus désolé si je n'avais la conviction que nous pourrions l'empêcher de reparaître.

41° condition : *Ne rien emporter* malgré la Société. — C'est une espèce de vol, reste des habitudes du vieux monde. Vous n'en avez vu que trop d'exemples ; mais nous pouvons espérer que nous n'en verrons plus.

42° condition : Remplir toutes ces conditions quand on est *femme*, mariée ou non, comme quand on est *homme*.

C'est nécessaire pour la femme comme pour l'homme, et même plus nécessaire encore ; car les femmes ont une grande influence sur les hommes et les enfants; et si beaucoup d'entre elles ne sont ni laborieuses, ni tempérantes ; mais frivoles, passionnées pour une vaine coquetterie, sans soin, sans ordre et sans économie, elles doivent être une entrave plutôt qu'un secours pour la communauté.

Je le dis avec plaisir, beaucoup de nos Icariennes ont toutes les qualités nécessaires au succès d'Icarie; mais, je le dis avec chagrin, quelques-unes semblent ignorer complètement les principes Icariens, et n'avoir ni les convictions, ni le dévouement, ni les qualités nécessaires pour le prompt triomphe de la Communauté. Pour elles, le Cours Icarien est d'une absolue nécessité; mais je ne désespère pas qu'elles pourront se métamorphoser.

43e condition : *Garantir* que sa *femme* remplit réellement toutes les conditions.

Cette garantie est d'autant plus nécessaire que la femme est généralement inconnue quand elle demande son admission ; on est forcé de s'en rapporter au mari, et sa réponse est une affaire de conscience et d'honneur qui lui impose une grande responsabilité morale. Néanmoins plusieurs maris ont trompé la Communauté en déclarant que leurs femmes étaient Icariennes autant qu'eux et même plus qu'eux, puisqu'il n'est que trop certain que leurs femmes n'avaient presque aucune des qualités Icariennes.

44e condition : *Garantir* que ses *enfants* n'ont pas de vices essentiels, au moral comme au physique.

C'est encore évidemment nécessaire; car, d'une part, les vices des enfants peuvent être très nuisibles aux autres enfants, ou très dispendieux pour la Société; et, d'autre part, la Société ne peut connaître les enfants que par la déclaration des pères et mères qui les lui présentent.

Cependant, quelques parents nous ont trompés en cachant les vices ou les infirmités de leurs enfants, et même en affirmant qu'ils étaient sans aucun vice. Mais plus de sévérité dans l'examen des enfants à leur entrée, pourra nous préserver de ces graves inconvénients.

45e condition : *Consentir* à ce que la Communauté dispose complètement des enfants.

Ce consentement est absolument indispensable, et c'est une précaution capitale pour le succès de la Communauté; car, d'une part, tout le monde convient que le succès de la Communauté Icarienne dépend principalement de ses enfants, de quelques générations futures et de l'éducation icarienne qui les façonnera pour les habitudes et les qualités icariennes; et d'autre part, les pères et mères élevés eux-mêmes dans l'ancien monde sont généralement peu éclairés sur les moyens les plus parfaits d'éducation depuis la naissance jusqu'à la virilité, (et ce n'est pas leur faute), d'autant plus que les questions d'éducation sont les questions les plus difficiles, même pour la sagacité des philosophes les plus expérimentés.

Quand Icarie sera moins jeune, quand les Icariens seront plus capables de concourir à l'éducation de leurs enfants, ceux-ci pourront être élevés moitié dans l'école commune, pour l'instruction, et moitié dans la maison paternelle, pour les qualités et les vertus sociales; c'est la combinaison qui me paraît la plus parfaite; mais aujourd'hui le contact journalier des enfants avec les parents me paraît plus nuisible qu'utile aux enfants et à la Société. Je vous l'ai dit déjà plusieurs fois, et je ne crains pas de vous le répéter : j'aimerais mieux voir l'école éloignée de quelques lieues plutôt que de voir les enfants continuellement avec leurs pères et mères. Et, comme la chose est impossible, à cause de l'énorme dépense qu'entraînerait une pareille école, je regarde, du moins, comme indispensable cette condition que les parents se conforment à toutes les dispositions prises par la Communauté à l'égard de leurs enfants. Si cette condition vous répugnait, il ne fallait pas demander votre admission; mais vous l'avez formellement acceptée.

Vous avez tous consenti, vous avez tous pris l'engagement, les mères comme les pères.

Et cependant, presque tous vous oubliez aujourd'hui vos promesses; vous voudriez rester maîtres de vos enfants, beaucoup de mères voudraient se mêler de tout ce qui les concerne, beaucoup leur laissent prendre de mauvaises habitudes et croient prouver leur tendresse en les excitant au goût de la toilette comme à la gourmandise; quelques-uns les exposent à entendre des discours ou des paroles qui les excitent à l'indépendance et à l'indocilité, en les entretenant de liberté illimitée. Quelques enfants entendent ou voient au dehors des choses qui renversent tous les efforts de l'éducation au dedans; et c'est l'une des plus grandes difficultés pour l'éducation Icarienne, comme c'est, à mes yeux, aujourd'hui, l'une des plus grandes entraves pour le progrès de la Communauté.

Aussi, j'ai déjà fait un règlement pour les enfants de nos écoles, et je vous présenterai, le plus tôt possible, un projet de loi qui règlera les droits et les devoirs des parents relativement à l'éducation de leurs familles.

46ᵉ condition : — Accepter la *Constitution* délibérée à Nauvoo, ainsi que les *Lois et règlements* faits et à faire, et s'engager à les exécuter sans *critiques et sans murmures*. — Nous organiserons incessamment notre Bulletin des lois Icariennes qui comprendra, dans une brochure, notre Constitution, toutes nos Lois et tous nos Règlements. Ceux qui ne les approuveraient pas, ne devraient pas demander leur admission; mais s'ils la demandent, ce sera la preuve qu'ils les acceptent, et d'ailleurs ils prendront l'engagement formel de les exécuter fidèlement; les critiquer ensuite ou les violer, ce serait un contre-sens qui mériterait l'exclusion ; car, quel délit plus grand que celui de violer les lois de la Société dont on a sollicité l'adoption comme un honneur et comme un bonheur ? Et quoi de plus naturel, de plus raisonnable, de plus juste, que de dire à celui qui critique ou qui viole les lois de sa patrie adoptive : puisque nos lois ne vous conviennent pas, allez chercher votre bonheur sous les lois différentes d'une autre patrie.

Cependant, quelques-uns d'entre vous critiquent et violent les lois et les règlements qu'ils ont adoptés, monstruosité qui doit être intolérable en Icarie et qu'il faut absolument faire cesser. Je vous proposerai donc des fonctionnaires pour veiller à l'exécution de nos lois, et des mesures pour les faire respecter par la puissance de l'opinion publique et par l'exclusion quand vous la jugerez nécessaire.

47° condition : *Remettre*, en arrivant à Nauvoo, les pièces suivantes :..... 2° Une notice biographique contenant un récit succinct de sa vie, avec les principales circonstances ; ......

7° L'inventaire détaillé contenant les bijoux, etc. ; 8° Un récit individuel ou collectif du voyage, contenant toutes les circonstances instructives ou intéressantes.

Quoique ces précautions soient évidemment utiles et même nécessaires, elles ont été souvent négligées ; mais nous en exigerons strictement l'accomplissement à l'avenir.

48° condition : Cette dernière condition soumet à une *enquête* le demandeur en admission pour constater qu'il a toutes les qualités Icariennes, et qu'il jouit d'une réputation sans tache. Si quelqu'un connaît quelques faits capables d'empêcher l'admission, c'est pour lui, non seulement un droit, mais un devoir de faire connaître ces faits dans l'enquête et avant l'admission ; dire la vérité dans ce cas, c'est servir la Communauté, tandis qu'on la compromet en gardant le silence ; mais, garder le silence avant l'admission et parler après, c'est un contre-sens, c'est s'avouer coupable soi-même, c'est paraître n'agir que par malice ou par vengeance.

Cependant, nous avons vu souvent des accusations tardives, qui prenaient le caractère de la calomnie, lors même qu'elles pouvaient n'être que de la médisance, jeter le trouble et le désordre dans la Communauté, en compromettant l'accusateur autant que l'accusé.

Pour éviter ce mal grave, il faudra quelques exemples de sévérité.

Telles sont nos conditions d'admission en Icarie, et telles sont les réflexions que j'ai à vous communiquer pour constater la situation morale qui me semble en résulter.

Eh bien ! en résumé, qu'est-ce que cette situation morale ? N'est-il pas évident que presque aucune des conditions d'admission n'est complètement remplie, qu'un certain nombre d'entre vous manquent des qualités Icariennes, et qu'il en est qui ne connaissent pas ou qui ne comprennent pas les principes et qui semblent vivre dans l'individualisme ?

Certainement, et je me plais à le reconnaître, tous ou presque tous vous adoptiez avant de partir les principes Icariens; vous les adoptiez de cœur et de sentiment; et vous preniez sincèrement l'engagement de tout faire pour pratiquer et réaliser la Communauté Icarienne avec ses règlements et ses lois, surtout avec sa Fraternité.

Je suis persuadé que la masse est encore aujourd'hui dans les mêmes sentiments et les mêmes dispositions, et c'est ce qui fortifie mon espérance.

Mais, soit par défaut de connaissance parfaite des principes, soit par suite de vieilles habitudes, soit par l'entraînement de mauvais exemples ou de mauvaises influences, soit par irréflexion ou par faiblesse, beaucoup s'écartent des principes, et l'on pourrait quelquefois douter que nous sommes en Icarie et en Communauté, et que je suis au milieu de vous.

Il en est même beaucoup qui, tout en voulant la Communauté, ne pratiquent pas assez la fraternité, qui n'aiment pas assez l'organisation, l'ordre et la discipline, qui n'ont pas assez de soin, d'économie, de tempérance et de propreté, etc., etc. — C'est un mal assurément et un très grand mal, qui me contrarie infiniment; car je veux la Communauté dans toutes ses applications, et je veux toutes les réformes nécessaires pour la réaliser; mais ce mal n'est pas sans remède, et j'ai la volonté et l'espérance d'y remédier avec vous.

Un autre mal bien autrement grave, c'est qu'il existe parmi vous une *Opposition systématique*, un *véritable Parti*, qui veut s'emparer de l'Administration pour substituer l'Individualisme à la Communauté, ou remplacer la Communauté Icarienne par je ne sais quel Communisme impossible, et qui, pour y parvenir, dirige ses efforts, tantôt patemment, tantôt sourdement, contre moi-même.

Je l'ai déjà dit et je le répète, je veux parler net.

Je veux parler net, parce que mes plaintes ne peuvent s'adresser qu'à une faible minorité, et qu'il n'y a rien d'étonnant à voir des imperfections dans des hommes sortis du Vieux-Monde.

Je veux parler net, parce que le mal est devenu intolérable pour moi, qu'il est absolument nésessaire d'y trouver un remède ; que je suis résolu à prendre les moyens les plus sûrs pour y remédier ; et que c'est la franchise et la publicité qui m'offrent les premières et les principales chances de succès.

Je le répète, le mal principal, c'est qu'il existe parmi vous un *Parti*, hostile au Communisme Icarien, au Président de la Communauté, aux Icariens fidèles, et qui se manifeste fréquemment par une dissidence sans ménagement et par une Opposition systématique.

Et je me hâte d'ajouter que ce Parti, dont je connais tous les membres, est très peu nombreux, 8 ou 10 au plus, mais audacieux, sans frein, ne manquant pas d'une certaine énergie et d'une certaine habileté pour faire une contre-propagande continuelle, pour exploiter toutes les impatiences, tous les mécontentements, toutes les faiblesses, toutes les erreurs et toutes les fautes, ce qui, d'ailleurs, n'est pas difficile.

C'est bien hardi de ma part, ce que je dis maintenant : mais je vous ai annoncé que je considérais l'existence de ce *Parti* comme le mal principal, comme la cause de tout le reste du mal, comme un mal qui pourrait mettre en danger la Communauté ; que je ne pouvais plus le tolérer ; que j'étais résolu à prendre tous les moyens pour le faire cesser ; que celui qui me paraissait le plus efficace c'était la publicité pour le dehors comme pour le dedans, que je considérais comme un devoir rigoureux pour moi de tout faire connaître aux Icariens et aux Démocrates de France et des autres pays, comme aux Icariens d'Icarie, et que je voulais m'adresser à vous tous en qualité de Fondateur de la Communauté Icarienne, en communiquant mon opinion, mon sentiment et mon avis sans entendre les soumettre à une discussion.

Quoi ! me dira-t-on peut-être, vous pensez qu'il existe des Partis en Icarie, et qu'Icarie serait le théâtre d'un fait si inconséquent, si contradictoire, si monstrueux ! — Non, il n'existe pas plusieurs partis, car la majorité qui marche avec moi, et qui se montre plus ou moins fidèle aux principes de la Communauté Icarienne, ne forme pas un Parti ; elle est le Peuple Icarien, et la minorité qui forme une Opposition systématique mérite seule nom de *Parti* ; mais l'existence de ce Parti est une inconséquence et une contradiction avec nos principes, un fait monstrueux.

Que, dans les vieilles Sociétés, fondées sur l'individualisme, il y ait des antagonismes, des divisions, des Partis ennemis, perpétuellement en guerre, c'est tout simple, c'est la conséquence de ce système égoïste ; mais que, en Icarie, dans une Communauté d'émigrants, jurant, lors de leur départ, qu'ils adoptent les mêmes doctrines et les mêmes principes, s'expatriant pour réaliser une Communauté de frères, basée sur la Fraternité, l'Union et la Concorde, il y ait un Parti de dissidents, d'opposants et pour ainsi dire d'ennemis, oui, c'est une monstruosité.

Et cette monstruosité, je déclare solennellement que je suis profondément convaincu qu'elle existe, et je pourrais rapporter mille preuves de son existence.

Ce Parti s'appelait d'abord le Parti des *Rouges*, plus révolutionnaires qu'Icariens. Il s'appelle quelquefois le Parti des *forts*. Des femmes de ce Parti ont souvent dit à d'autres femmes : vous avez changé, vous n'êtes plus des *nôtres*, à quoi ces dernières répondaient : nous sommes toujours les mêmes ; c'est vous qui avez changé. Ce Parti a toutes les allures des Partis du Vieux-Monde, presque tous ses actes sont marqués au coin de l'esprit de Parti ou de la partialité ; il emploie tous les moyens pour se faire des partisans et se soutenir ; ses membres affectent de se montrer fraternels entre eux, mais ils sont sans fraternité envers les autres ; et, dans l'Assemblée générale, il agit comme les Partis politiques dans les Assemblées législatives de la vieille organisation sociale, se concentrant dans certaines places, s'appuyant, se défendant, attaquant et murmurant en commun.

Et, je le répète encore, c'est mon appréciation personnelle des faits, c'est mon opinion, c'est ma conviction, que j'entends non soumettre à une discussion, mais faire connaître à tous ceux qui peuvent avoir confiance en ma parole et en mon jugement. Et, tout à l'heure, j'ajouterai que ce Parti s'est oublié et s'oublie jusqu'à manquer d'égards et de respect envers moi, jusqu'à m'insulter même et m'outrager, ce qui constitue, je n'hésite pas à le dire, une monstruosité plus grande que la première...... Mais je veux d'abord rappeler l'origine, la cause, le but et la formation de ce Parti.

D'après notre premier système d'admission dans notre Société, en vigueur depuis le premier départ en 1848 jusqu'au 5 avril 1850, personne ne pouvait quitter la Société, et celui qui la quittait ne pouvait réclamer aucune partie de son apport. La révolution de février, le désastre du Texas, le grand nombre de dissidences et de retraites qui suivirent, les hostilités et les calomnies des dissidents, ayant presque anéanti la propagande, et par conséquent compromis l'existence de la Colonie, je proposai la loi du 5 avril 1850 qui, pour ranimer la propagande et sauver la Colonie, introduisit un nouveau système (voyez page 69). Quoique les membres admis avant le projet de cette loi dussent continuer à ne pouvoir réclamer eux-mêmes la restitution de leur apport en cas de retraite, ils l'adoptèrent à *l'unanimité*, parce qu'il était évidemment dans leur intérêt, pour conserver et soutenir la Communauté. — Cette loi fut même, deux autres fois, *unanimement* confirmée.

Mais, pendant mon absence d'une année, en 1851 et 1852, quelques membres qui, je crois, désespéraient de voir la Communauté triompher de ses innombrables obstacles, qui vou-

laient la dissoudre et la partager pour vivre dans l'individualisme ou dans quelques sociétés particulières, et qui voulaient
dès lors tuer la propagande pour tuer la Communauté, hasar-
dèrent des attaques contre la loi du 5 avril, pour demander
son rappel et faire supprimer la restitution d'apport.

La Gérance m'écrivit à Paris et à Londres, pour me dire
que la question lui paraissait si importante et si difficile qu'elle
ne voulait pas la discuter en mon absence sans avoir mon avis ;
et celui qui me remplaçait provisoirement, me déclara que,
s'il était près de moi, il se jetterait à mes genoux pour me
déterminer à revenir sans aucun retard, pour les éclairer et les
guider.

A mon retour, je déclarai à la Gérance que je m'opposais
formellement à la révocation de la loi d'avril, parce que ce
serait la perte de la propagande et la ruine de la Communauté.

C'était évident, manifeste, clair comme le soleil ; car, sup-
posons deux Icaries, dont l'une dirait aux Icariens du dehors :
« *Venez ; mais si vous ne vous plaisez pas parmi nous, et
si vous voulez vous retirer, nous vous rendrons la totalité
ou la moitié de votre apport.* » *Et dont l'autre dirait :*
« *Venez ; mais si vous sortez ensuite, on ne vous rendra
rien, et vous vous tirerez d'affaire comme vous pourrez
dans un pays dont vous ne connaîtrez ni la langue ni les
usages* »; laquelle des deux Icaries ferait le plus de propagande, et aurait le plus de chances d'avoir un plus grand
nombre de membres, de les conserver tous, et de prospérer
avec leurs apports et leur travail, surtout si la première avait
la réputation de pratiquer parfaitement la fraternité, tandis
que la seconde aurait la réputation de forcer à la retraite, par
de mauvais traitements, les plus riches, dont elle voudrait
retenir les apports en les éloignant et les dépouillant ?

Mais les membres de la Gérance, que j'avais appuyés jusque-
là et qui m'avaient longtemps témoigné leur confiance entière,

leur déférence, leur respect, leur affection et leur dévouement, commencèrent à se séparer de moi, se mirent à la tête des partisans du rappel de la loi d'avril, s'opiniâtrèrent à demander ce rappel, sous le prétexte que cette loi violait le principe d'*égalité* au préjudice des anciens membres, et firent tous leurs efforts pour me vaincre dans cette lutte.

Je le déclare, sans vouloir encore discuter ici, pas un seul de leurs arguments n'était solide à mes yeux ; tout n'était que sophisme et argutie ; la prétendue violation du principe d'égalité n'était qu'une erreur, un prétexte, une ruse, une déception, qui les avait aidés à égarer un grand nombre de membres trop faciles à se laisser entraîner par de grands mots, comme ceux-ci : « La loi qui accorde aux *nouveaux* une restitution par-

» tielle d'apport, sans l'accorder aux *anciens* (mais les anciens

» y avaient *unanimement* consenti dans *leur intérêt*, pour

» sauver la Communauté !), est une loi *inconstitutionnelle* et

» *immorale* (présentée par moi et volontairement acceptée

» trois fois à l'unanimité !); c'est une *anomalie* en faveur des

» riches et des *capitalistes;* les anciens sont des *dupes* et des

» *victimes;* ce sont les *serviteurs* et les *esclaves* des nou-

» veaux, dont ils sont chargés de *laver le linge sale,* (et ce

» sont les anciens qui avaient toujours occupé les fonctions

» publiques). Cette loi de restitution est l'épée de *Damoclès*

» suspendue sur nos têtes ; c'est un *boulet* attaché à *nos pieds.*

» Il faut que les nouveaux, au lieu d'être les *privilégiés,* re-

» noncent comme nous à toute restitution, *brûlent leurs*

» *vaisseaux* en quittant la France, ou *rompent les ponts*

» *derrière eux;* autrement il faut mettre un écriteau sur le

» front de chacun de nous, avec ces mots pour les anciens :

» *serfs,* et pour les nouveaux : *bourgeois* ou *capitalistes,*

» ou *privilégiés* ou *aristocrates;* et quiconque soutiendra

» cette loi d'avril (fût-ce le Fondateur d'Icarie lui-même) ne

» sera pas Communiste. » M. Thiers n'aurait pas mieux parlé pour jeter de la poudre aux yeux.

Néanmoins, il ne me fut pas difficile de rétablir la vérité ;

et la loi d'avril, avec son principe de restitution de *l'Apport,* fût maintenue à la presque unanimité.

Mais les membres de la Gérance, avec quelques autres, s'opiniâtrèrent, malgré le vote et la loi nouvelle, à critiquer la loi d'avril, à me faire une opposition systématique et à organiser en quelque sorte un Parti.

Je le déclare encore à tous (c'est mon opinion, mon sentiment, ma conviction), je ne puis voir là que de la vanité et de l'ambition, de l'aveuglement et de la folie, de l'ingratitude et de la violation de tous les engagements et de tous les devoirs.

Je ne puis m'expliquer toute cette conduite étrange que par le désir et le projet de tuer la propagande et la Communauté Icarienne, et de réduire la Colonie à un petit nombre de membres, qui se partageraient les dépouilles des autres, pour vivre ensuite dans l'individualisme ou dans de petites associations particulières.

C'est horrible à penser; car ce serait le plus monstrueux égoïsme, la plus monstrueuse improbité et la plus monstrueuse inhumanité envers les membres les plus faibles de la Colonie, qui ont le plus besoin de protection. Mais, j'ai beau réfléchir, j'ai beau chercher une explication moins défavorable, je ne puis en trouver, je ne puis seulement admettre que l'on n'apercevait pas toutes les conséquences d'un pareil projet.

De là tout le mal, tous les désordres, toutes les critiques, toutes les discutailleries, qui vont suivre.

Les nouveaux dissidents ou les opposants font alors la paix avec quatre ou cinq anciens dissidents, avec lesquels toutes les Gérances avaient été en guerre, tout le monde est surpris de voir subitement se donner la main, des hommes qui auparavant ne se parlaient que pour se déchirer; on caresse, on flatte, on soutient, on encourage les partisans d'une liberté illimitée, d'une égalité absolue, d'une indépendance allant jusqu'à la licence, tous ceux qui sont mécontents pour s'être attiré de justes reproches par leurs fautes ou leurs vices, même ceux que le scandale de leur inconduite réduit à ne trouver d'asile que dans le sein d'un Parti réduit à employer tous les moyens pour se recruter.

Ce Parti devient même l'âme d'une opposition contre moi dans toutes les mesures que je propose concernant les principes ; il dédaigne, contre mon sentiment, l'éducation, le cours Icarien, la propagande, le journal rédigé par moi ; il prend, contre moi, la défense du tabac, du wiskey, de la chasse comme plaisir, du droit de critiquer, partout et toujours ; il encourage la désorganisation et l'indiscipline dans l'industrie et le travail, et même la violation des règlements et des lois.

Il paralyse tout en propageant comme principe que les Icariens sont esclaves, puisqu'ils n'ont pas la liberté absolue, qu'ils n'ont pas fait 3,000 lieues pour être dans l'esclavage ; que chacun ne doit faire que ce qu'il est spécialement et rigoureusement chargé de faire, et que ceux qui font plus et qu'il appelle, en dérisionnant, les *fidèles* et les *dévoués*, ne sont que des flatteurs et des ambitieux ; qu'il faut cacher le vice et le mal, et que ceux qui font connaître la vérité ne sont que des *rapporteurs* et des *mouchards*, etc., etc.

Il a tous les vices et tous les inconvénients des Partis dans l'ancien monde, attaquant les adversaires même quand ils ont raison, soutenant ses partisans même quand ils ont tort, violant la vérité et la justice pour soutenir comme pour attaquer.

Il fait plus : il m'attaque directement, moi Fondateur et Président de la Communauté, moi qu'il appelait son *Père* et son *Maître*, moi dont il reconnaissait *l'amour* pour les Icariens et le *dévouement* pour l'Humanité ; il s'habitue à me manquer d'égards et de respect, même dans l'Assemblée générale, à m'insulter pour ainsi dire et à m'outrager ; l'un de ces enfants perdus affecte de lire un journal au milieu d'un banquet pour une fête pendant que je me fatigue pour prononcer un discours sur la Fraternité, afin de manifester son indifférence ou son dédain pour l'orateur ; un autre me désobéit for-

mellement quand je veux l'empêcher de commettre une infraction défendue par la Constitution ; un autre me traite de
despote et de tyran, agissant comme un patron dans l'ancien
monde, lorsque je veux, au nom de la loi, m'opposer à un fait
qu'elle défend ; plusieurs semblent me braver en fumant publiquement, en mon absence cependant, malgré mes exhortations
et la défense de la loi; un autre se moque publiquement de
ceux qu'il appelle les *adorateurs* de M. Cabet, et que d'autres
appellent des *Cabétistes* et des *fanatiques ;* un autre, un des
principaux, pousse l'inconvenance, pour ne rien dire de plus,
jusqu'à m'appeler *orgueilleux* et *vaniteux ;* et d'autres expriment le désir de ma mort pour que tout puisse changer conformément à leurs désirs.

Que toutes ces hostilités contre moi se soient vues dans
l'ancien monde, en France, de la part de toutes les espèces
d'ennemis du Peuple, précisément à cause de mon dévouement à l'Humanité, c'était tout simple et je m'y attendais sans
m'en affliger ni m'en inquiéter ; mais que, en Icarie, les mêmes
faits se reproduisent, malgré nos principes, de la part d'Icariens qui, tous, ont sollicité leur admission en acceptant ma
direction absolue, dont plusieurs ont été admis sans avoir
d'apport; après des centaines d'adresses remplies de protestations, de respect et d'amour, ah! c'est une monstruosité !
Et quand je vois cette monstruosité, moi, qui ai toujours reconnu que les fautes des Peuples ont pour première cause la
faute des gouvernants, je me demande secrètement à moi-
même si cette monstruosité ne vient pas de mes propres fautes
ou de l'imperfection de mon propre système; mais ma conscience me répond à l'instant que mon système Icarien est
mille fois préférable aux folles idées du parti qui l'attaque,
que moi, je n'ai pas varié le moindrement dans mes principes,
que je n'ai pas commis la moindre infraction à mes engagements, que j'ai au contraire continuellement avancé dans la
voie des sacrifices et du dévouement, que par conséquent
l'hostilité de ce parti qui se disait mon *Disciple* et qui m'ap-

pelait son Maître et son Père est en même temps une folie, une noire ingratitude, pour ne pas dire une espèce de parricide.

Certes, il m'a fallu une rare abnégation pour tolérer jusqu'aujourd'hui de pareils excès ; mais cette tolérance est un sacrifice que, par beaucoup de considérations, j'ai cru nécessaire alors dans l'intérêt général, persuadé d'ailleurs que j'arrêterais le mal quand je le voudrais.

Et que personne ne pense que je puisse être humilié ou blessé par l'hostilité de ce parti. J'en suis contrarié pour vous et pour lui, parce que, dans mon amour pour le Peuple, je voudrais qu'il fût irréprochable ; mais la mission que je me suis imposée m'a trop purifié, et la contemplation de mes devoirs m'a élevé trop haut, dans mon esprit, pour qu'il soit au pouvoir de qui que ce soit de m'humilier et de me blesser, comme je me suis trop habitué à regarder les hommes de l'ancien monde comme victimes de l'organisation sociale pour que je puisse éprouver aucun ressentiment contre personne ; et même, plus le Peuple est malheureux par son ignorance, son inexpérience et son aveuglement, plus je m'obstine à persévérer dans mon dévouement, parce que je me dis toujours que le malheur de l'Humanité sera perpétuel si personne n'a le courage de se dévouer pour y mettre un terme par une meilleure organisation sociale.

Cependant je ne puis tolérer plus longtemps les inconvenances et les hostilités du parti dont il est question, parce que ces hostilités m'entravent, me paralysent et compromettent tout ; il faut absolument qu'elles cessent.

Si nous étions tous en France, complétement isolés et indépendants les uns des autres, que m'importerait l'opinion ou le sentiment de tel ou tel à mon égard ? Ceux qui ne seraient pas mes amis ne viendraient pas me voir, ou je ne les recevrais pas et ne les verrais jamais, moi qui recevais et voyais chaque jour des centaines d'ouvriers ; mais ici, en Icarie, dans la Communauté, où nous sommes presque continuellement en présence, après tant de sacrifices de ma part, tant de protestations de la vôtre envers moi, la pensée que je ne suis pas dans une véritable famille, et que, parmi ceux avec lesquels je me trouve en contact tous les jours et du matin au soir, se trouvent quelques ennemis et peut-être quelques traîtres, cette pensée m'est insupportable et je ne veux plus la supporter.

D'ailleurs, se dévouer pour des hommes qui le méritent par la réciprocité de leurs sentiments, et à qui l'on peut être utile, c'est vertu ; mais se dévouer pour des hommes qui répondraient à l'amour par l'inimitié, ou pour qui l'on se dévouerait sans résultat utile, ne serait-ce pas stupidité ou folie ?

D'un autre côté, s'il en est quelques-uns qui peuvent se plaire à être hostiles, leur manque d'égards et de respect en blesse et même en irrite un grand nombre d'autres dont j'ai peine à retenir les réclamations, dans la crainte qu'elles ne puissent être trop vives ; mais pour éviter leur découragement et leur dégoût, il est nécessaire de mettre un terme à toutes les manifestations hostiles, et c'est encore un motif qui me détermine à déclarer ma résolution de ne plus les tolérer.

Une infinité d'autres raisons me déterminent à ne plus tolérer d'opposition systématique, et je n'en citerai que quelques-unes.

Notre entreprise, avec notre personnel et si peu de moyens dans l'origine, était si difficile que, même avec l'union la plus parfaite, il nous restait encore beaucoup de difficultés. Cependant, si, dès le commencement, nous n'avions eu aucune dissidence et aucune division, si, comme vous en avez tous pris l'engagement, nous n'avions tous ensemble formé qu'un cœur, qu'une âme et qu'un esprit ; si nous n'avions tous écrit, parlé, agi que dans le même sens (ce qui ne devait pas être impossible, puisque vous aviez tous adopté les mêmes principes et les mêmes doctrines), notre situation serait bien différente. Aujourd'hui même, si nous étions bien unis, si nous parlions, écrivions et agissions de même, si nous travaillions tous au bien commun, au lieu de perdre notre temps en divisions, en critiques et en discutailleries, je ne douterais pas du succès de la Colonie et du triomphe de la Communauté ; mais de même que, aujourd'hui, vous ne pouvez rien sans moi, et rien sans l'union entre vous tous, de même je ne puis rien sans vous, et la division, l'opposition systématique, est un contre-sens qui compromet tout en me paralysant.

Depuis près de vingt ans, je demande la suppression du tabac, que je considère comme un des fléaux du Peuple et de l'Humanité, et l'avenir applaudira sans doute à mes efforts ; sur ma proposition en 1853 et 1855, vous en avez formellement décidé la suppression, et si, par une prudente concession, vous en avez toléré l'usage en faveur des anciens membres qui déclaraient ne pouvoir s'en déshabituer subitement, vous savez que ce n'est qu'à la condition que personne ne continuerait cet usage en public. Eh bien, tandis que des vieillards avaient le courage de se délivrer de cette malheureuse habitude, pour se conformer à mes exhortations, un membre de la Gérance poussait l'esprit d'opposition et l'hostilité contre moi jusqu'à fumer publiquement, loin de ma présence, il est vrai, et à mon insu, dans un réfectoire et dans un atelier ; et l'un de ceux que j'envoyai dans notre Colonie de l'Iowa, pour y faire observer plus exactement nos principes et nos lois, y donnait l'exemple de leur violation et de manque d'égards envers moi, en y fumant aussi publiquement. Comment d'autres ne suivraient-ils pas un pareil exemple ? Et comment pourrais-je être respecté ? comment pourrais-je faire prospérer la Communauté, avec de pareils auxiliaires et de pareilles entraves ?

Vous pensez généralement que la Propagande Icarienne est une nécessité pour nous, non pas seulement la propagande par écrit, mais surtout la propagande en action, celle qui résulte de l'application de nos principes, notamment de la pratique de la Fraternité, de la bienveillance, de la politesse, du respect pour les femmes et les vieillards, de tout ce qui peut faire aimer la Communauté ; or, c'est une contre-propagande que semble faire l'opposition, quelques-uns n'ouvrent la bouche ou ne prennent la plume que pour dire du mal de la Communauté, au dedans et au dehors, ce qui est un véritable contre-sens, une hostilité flagrante, une espèce de trahison vraiment intolérable, et que je ne puis plus tolérer.

J'ai toujours dit dans mes écrits qu'il y avait une partie de la Bourgeoisie qui était amie du progrès, généreuse et populaire, que cette partie n'avait jamais rien pu sans le peuple, mais que le Peuple n'avait jamais rien pu sans elle, et que les réformes ou les révolutions dans l'intérêt de l'Humanité, ne me paraissaient possibles que par l'union du Peuple et de la Bourgeoisie populaire; repousser cette Bourgeoisie, qui ne peut se présenter en Icarie que par un sentiment de dévouement Icarien, et qui peut lui être éminemment utile par ses talents, son expérience et sa connaissance des affaires, n'est-ce pas le plus manifeste des contre-sens ? N'avons-nous pas toujours dit qu'Icarie était un Peuple de frères, dont tous les membres doivent travailler suivant leurs forces et leurs aptitudes pour le plus grand intérêt de la Société, sans distinction d'anciens ouvriers et d'anciens bourgeois ? Or, le Parti qui me fait opposition appelle *messieurs* et *bourgeois* des hommes dont il semble redouter l'indépendance et les lumières, et qu'il semble vouloir dégoûter; mais, je le déclare, c'est, à mes yeux, vouloir créer une aristocratie des bras, pire, peut-être, que les autres aristocraties; c'est une folie qui priverait la Communauté d'une de ses principales ressources; c'est une injustice qui me paraît intolérable et que je ne veux plus tolérer.

Quand la *Démocratie* est, comme dans le Système Icariens non-seulement la Liberté et l'Égalité, mais la Justice, la Fraternité, la Moralité, la Probité, la Loyauté, en un mot l'amour de l'Humanité, alors je suis démocrate, je suis peut-être le plus ardent des démocrates, et je me fais honneur d'avoir été appelé, par des rivaux et des adversaires (les Phalanstériens), l'organe le plus avancé de la démocratie à la tribune française. Mais si la démocratie n'était que de l'égoïsme, de la jalousie et de l'envie, de l'injustice, de l'improbité, de la haine et de l'exclusion contre tout ce qui n'est pas ouvrier; si la démocratie n'était que la licence, l'anarchie, le désordre et la violence; alors je le déclare comme je l'ai souvent déclaré, je ne verrais là que de la démagogie qui ne vaudrait pas mieux que l'aristocratie et qui se suiciderait elle-même; je n'y verrais pas la démocratie qui peut se faire aimer par tous les cœurs généreux, et je ne me dévouerais pas à cette fausse démocratie.

L'opposition me reproche en secret de n'être pas assez hardi, pas assez entreprenant..... Mais moi je l'accuse d'être trop impatiente et trop téméraire. Quel est l'homme plus hardi et plus entreprenant que moi, lorsque j'ai entrepris d'instruire et de moraliser le Peuple, en bravant la haine des Conservateurs; de le tirer des sociétés secrètes, des conspirations et des émeutes, en bravant la colère des révolutionnaires ; et de lutter contre tous les ennemis du progrès, contre toutes les persécutions et les proscriptions? quel est celui qui a fait une entreprise aussi hardie que l'Emigration Icarienne, la fondation d'Icarie et sa récente Colonie dans l'Iowa, avec si peu de ressources et tant d'obstacles?

Elle prétend que nous marchons trop lentement... Mais ce n'est qu'une folle impatience. Qu'on me donne les moyens d'aller plus vite, un petit budget de quelques millions, par exemple ; et l'on verra si je saurai marcher d'un pas rapide et tout métamorphoser ! Mais cette opposition n'a pas le sou, et, au lieu de m'aider par son concours, c'est elle qui m'entrave par ses divisions.

Elle m'accuse clandestinement de ne pas vouloir faire de grandes entreprises industrielles, qui pourraient nous enrichir... Mais quelle folie encore ! Qui donc plus que moi désire faire des entreprises utiles? Mais quelle grande entreprise industrielle et commerciale peut se faire sans capitaux et sans avances? Et où sont nos capitaux et nos avances? Quand, pour rire, je demande à quelques-uns de vous quelques milliers de francs, vous me répondez : Je voudrais bien les avoir, je voudrais bien avoir des millions, je vous donnerais tout à l'instant; mais je n'ai rien et *ne puis* rien vous donner ; et quand tous vous me répondez si facilement *je ne puis*, vous voulez que, pour moi seul, il n'y ait pas d'impuissance.

L'opposition dit même, toujours en secret, que c'est moi qui perds la Colonie par mon aversion contre les entreprises industrielles, et que la Communauté ne pourra être sauvée qu'après ma mort, par une Administration plus hardie... Mais que puis-je répondre moi-même, si ce n'est que tout cela n'est que de la folie ?

Qui donc vous a ralliés tous et a sauvé jusqu'à présent la Communauté en conservant l'Association parmi vous ? Qui donc est universellement connu en Europe et en Amérique et inspire assez de confiance pour déterminer la propagande, même pendant ses absences momentanées ? Qui donc obtient le *crédit* nécessaire pour alimenter les besoins de la Colonie ? Quel est celui aux genoux duquel la Gérance se jetait en quelque sorte, pendant son voyage en France, pour le presser de revenir, en lui disant que lui seul pouvait lui procurer les moyens de marcher ?

J'ajouterai cependant que les hommes qui tiennent un pareil langage perdraient la Colonie, si je ne trouvais pas le moyen d'assurer son salut avant d'en quitter la direction.

Vous vous rappelez que je vous ai fait connaître ce que je ferais si j'avais 500,000 dollars (ou 2,500,000 francs). Eh bien ! à ce sujet, l'un des chefs de l'opposition disait dernièrement : Si nous avions 500,000 dollars, nous lui en donnerions 100,000, et nous l'enverrions se reposer (ou nous nous débarrasserions de lui). Mais quel outrage, s'ils pensent que je serais capable d'accepter d'eux 100,000 dollars ou même un seul dollar !

Et quelle inconcevable prodigalité ! quelle folie s'ils croient qu'ils pourraient me supplanter après que j'aurais pu réunir 500,000 dollars !!

Et quel inconcevable aveuglement s'ils espèrent que je pourrais exposer la Colonie à tomber entre leurs mains, lorsque, les croyant assez capables pour faire du mal en divisant, je suis convaincu qu'ils sont incapables de la diriger pour son salut !

Tous ces détails sont bien longs, bien pénibles pour moi, et je suis impatient de terminer ; mais c'est peut-être la dernière fois que je m'explique ainsi avec vous (car je ne veux plus de pareilles luttes), et je veux tout dire à vous et aux Icariens du dehors pour que vous sachiez tous parfaitement ce que vous avez à faire.

Or, le Parti qui m'entrave, je l'ai déjà dit et je le répète, veut autre chose que la Communauté Icarienne, j'en suis convaincu, tandis que moi, je n'ai voulu, je ne veux et ne voudrai jamais que la réalisation de cette Communauté.

Dévoué par nature et par instinct à la cause du Peuple et de l'Humanité, démocrate depuis 50 ans, communiste depuis près de 20, Directeur en 1831 de l'Association libre pour l'éducation du Peuple à Paris, inventeur du système Icarien, auteur du *Voyage en Icarie*, du *Vrai Christianisme* et de plus de quarante autres écrits du même genre, chef reconnu de l'Ecole Icarienne, propositeur de l'émigration pour fonder Icarie, directeur suprême de cette émigration, fondateur responsable de la Colonie, je ne suis parti, je n'ai tout sacrifié, tout bravé, que pour fonder Icarie ou la Communauté Icarienne dans l'intérêt de l'Humanité tout entière.

Je n'aurais pas voulu, vous le savez bien, faire un pas pour un système quelconque d'individualisme et d'égoïsme ; je n'aurais pas voulu, vous le saviez bien encore, braver un des flots de l'Océan pour vous enrichir et vous rendre heureux tout seuls, vous, venus à moi de tous côtés et qui m'étiez inconnus ; je n'aurais pas voulu, dis-je, vous enrichir tout seuls par un autre moyen que la Communauté.

Je n'aurais pas voulu partir avec vous, même à votre tête, si vous n'aviez pas déclaré que vous adoptiez mon système, que vous partagiez, sans réserve, mes opinions et mes sentiments ; si vous n'aviez pas pris envers moi l'engagement formel de suivre, sans résistance, ma direction, et d'appliquer rigoureusement ma doctrine et mes principes ; si vous n'aviez pas souvent protesté de votre confiance, de votre estime sans borne, de votre respect et même de votre amour pour moi, en m'appelant votre *Père* et en vous appelant mes *Enfants* ; si, à mon tour je n'avais pas eu une confiance illimitée en votre loyauté, en votre probité, en votre honneur, pour remplir un engagement sacré ; car enfin, qu'y aurait-il de sacré sur la terre, s'il n'était pas sacré l'engagement que vous avez pris envers moi ? Que serait-ce que la probité et l'honneur, si ce n'était l'accomplissement des engagements volontairement contractés ? Vous vous croiriez certainement déshonorés comme voleurs, si vous aviez enlevé de ma bourse la moindre petite pièce de monnaie ; et ceux qui m'auraient enlevé mon repos, ma famille et ma patrie, en me trompant, en violant leurs engagements envers moi, pourraient se croire d'honnêtes gens !

Or, il en est parmi vous, quelques-uns seulement, il est vrai, mais enfin il en est quelques-uns et c'est trop, qui, entraînés par une folle impatience, voulant récolter avant d'avoir labouré, ne se trouvant bien qu'où ils ne sont pas, n'aspirant qu'après des nouveautés, n'aiment plus la Communauté qu'ils adoraient, ni le système Icarien qu'ils proclamaient le plus parfait de tous les systèmes.

Je terminerai ce que je veux dire du Parti qui m'est hostile, en ajoutant que ce Parti semble avoir formé une espèce de petit gouvernement occulte, ayant deux ou trois chefs, qui manœuvrent sourdement pour s'emparer du pouvoir après ma mort ou même avant, et avec lesquels sont en correspondance quelques hommes que je pourrais accuser de trahison. Les malheureux ! Les insensés ! ils ont laissé percer leur dédain, leur mépris pour la masse, qu'ils appellent des Imbéciles dignes d'être menés à la baguette; et ils peuvent penser que je pourrais la livrer entre leurs mains !

Beaucoup d'Icariens, m'écrivant de France, me disent que je dois être bien heureux, en Icarie, au milieu de ma grande Famille Icarienne, en jouissant des progrès d'Icarie. Je pourrais l'être, il est vrai, autant cependant que peut l'être l'homme qu'un devoir impérieux sépare de sa propre famille ; je devrais même l'être si les protestations qui m'ont été prodiguées n'étaient pas des illusions ; mais, je le dis avec douleur, je ne suis pas heureux, je ne suis pas content ; je n'ai aucune jouissance, aucune satisfaction........

Je suis vieux, accablé de travail, de fatigue et de soucis, et j'ai besoin de repos.

Par suite de toutes ces fatigues et de toutes ces agitations, à la fin d'une longue explication de ma part dans l'Assemblée générale, en décembre dernier, j'ai été frappé, vous ne l'avez pas oublié, d'une attaque de paralysie qui, grâce à la saignée pratiquée par notre médecin, ne m'a pas empêché de sortir dès le lendemain matin pour ne pas vous inquiéter. Depuis, mes yeux n'ont plus la même force pour lire, ni ma main la même dextérité pour écrire. Je suis, en quelque sorte, malade et souffrant.

Et si l'opposition systématique dont je me plains ne cessait pas complètement, si le parti qui s'est formé ne disparaissait pas absolument, si la majorité n'était pas énergiquement prononcée et résolue à pratiquer les principes Icariens et les lois Icariennes, sans en souffrir aucune violation, je me retirerais en février prochain, en vous laissant le soin de pourvoir vous-mêmes à votre salut.

Si vous vous croyiez libres envers moi, je le serais également envers vous.

Qui pourrait en effet me retenir? Ce ne sont sûrement pas mes priviléges, mes plaisirs, mon traitement, puisqu'il n'y a rien de tout cela pour moi?

Mais ce n'est là qu'une hypothèse inadmissible, que je me reproche presque d'avoir énoncée et que je me hâte de révoquer.

Je vous suis trop utile, trop nécessaire même, pour que la masse puisse avoir la pensée de se séparer de moi, et je vous suis trop dévoué moi-même pour avoir celle de me séparer de vous.

Je resterai donc pour accomplir ma mission, pour achever la fondation d'Icarie, pour rallier la masse autour du drapeau de la Communauté, pour défendre nos femmes et nos enfants, nos vieillards et nos infirmes, nos veuves et nos orphelins; et si la majorité est ferme et énergique dans son union avec moi, mes fatigues diminueront, ma santé se raffermira, je pourrai être encore heureux avec vous, et je vivrai encore assez longtemps pour garantir et consolider le sort d'Icarie.

Mais entendons-nous bien, mettons-nous bien d'accord, voici mes conditions :

1° Le parti qui me fait une opposition systématique et avec lequel je ne veux plus absolument avoir à lutter, cessera volontairement et loyalement son action, ou se retirera volontairement de la Colonie, ou bien l'exclusion sera prononcée contre ceux de ses membres dont les actes pourront le mériter.

2° La majorité prendra l'engagement d'être ferme et énergique, pour prononcer les exclusions qui pourraient être nécessaires ; car je ne puis la sauver si elle ne veut pas se sauver elle-même.

3° Les femmes s'engageront également à me soutenir de tous leurs efforts pour que je puisse les défendre elles-mêmes et protéger leurs enfants.

4° Tous prendront de nouveau l'engagement de remplir toutes nos conditions, de pratiquer tous nos principes, d'exécuter tous nos règlements et de s'efforcer d'acquérir chaque jour davantage toutes les qualités icariennes, car je ne veux pas perdre mon temps à discuter des principes acceptés avant l'admission, et qu'il ne s'agit plus ensuite que d'appliquer sans répugnance et sans hésitation.

5° Il est indispensable que j'aie tous les moyens nécessaires pour mettre à couvert ma *responsabilité matérielle*.

Je devrais n'avoir à m'occuper que de l'organisation d'Icarie pour faire appliquer nos principes, mais par la force des choses, l'administration matérielle est tellement liée à l'administration morale que toutes les deux sont inséparables.

C'est sur moi que repose toute la responsabilité matérielle ; c'est moi qui ai tous les soucis et toutes les inquiétudes, pour vous procurer tout ce qui concerne la nourriture, le vêtement, le blanchissage et l'entretien, le logement et l'ameublement, le chauffage et l'éclairage, les médicaments, les écoles et les ateliers, l'achat de toutes les matières premières, la signature des traites, des billets, etc., etc., et, en définitive, tout se concentre dans une question financière. La Colonie ne connaît que moi pour pourvoir à tous ses besoins. Le public ne connaît aussi que moi. Je suis seul responsable et pour tout. Je suis, dans toute la force du terme, le serviteur et l'esclave de la Communauté. Quoique cette position soit souvent pour moi un véritable supplice (car je ne dors pas toujours, surtout dans les temps de disette), je veux bien l'accepter, parce que c'est une nécessité dans le commencement d'une Colonie.

Mais puisqu'il est vrai que je suis seul responsable, il est rigoureusement juste que j'aie tous les moyens de mettre à couvert ma responsabilité, et je ne veux pas l'accepter sans ces moyens.

Ainsi, si vous ne vouliez pas travailler pour gagner votre

nourriture, etc., je ne voudrais pas la responsabilité de vous nourrir, de vous médicamenter, etc.

Si vous ne vouliez pas vous soumettre à l'organisation, à l'ordre et à la discipline dans le travail, je ne voudrais pas la responsabilité de vous vêtir et de vous loger, etc. Si vous ne vouliez ni frugalité, ni soin, ni économie, je ne voudrais aucune responsabilité en faveur de sensualistes et de prodigues.

6° Je veux aussi tous les moyens de mettre à couvert ma *responsabilité morale.* Cette responsabilité morale est peut-être plus grande encore que ma responsabilité matérielle. Ceux d'entre vous qui désirent l'ordre et la fidèle observation de nos principes me rendent peut-être responsable de toutes les infractions commises. Le public ne connaît aussi que moi et me rend peut-être responsable, sur mon honneur, de tous les désordres et de tous les vices qui pourraient exister en Icarie; il dit probablement : comment, M. Cabet est là, et il tolère ou ne peut pas empêcher ce qui s'y passe ! Les arrivants peuvent dire aussi : comment, nous ne sommes partis que sur la confiance que nous inspirait M. Cabet, et nous trouvons tant d'imperfection en Icarie ! Et si le malheur voulait que notre entreprise échouât un jour, c'est moi que tout le monde accuserait de son insuccès.

Quelque redoutable que, soit cette responsabilité, ma confiance dans la puissance de nos principes est telle que je l'accepte sans hésiter, si votre volonté est d'accord avec la mienne et si vos efforts concourent avec les miens.

Si vous avez toutes les vertus et toutes les qualités Icariennes; si vous mettez en pratique toutes mes doctrines et tous mes principes sur la Fraternité, l'Égalité, la Liberté, sur la bienveillance et la politesse affectueuse, sur le respect pour les femmes et les vieillards, sur l'éducation des enfants, je n'hésite pas à garantir, sous ma responsabilité, que vous serez le Peuple le plus heureux et le plus moral ; que des masses viendront se joindre à vous pour partager votre bonheur, et qu'Icarie pourra régénérer l'Humanité.

Mais si vous n'êtes pas parfaitement d'accord avec moi, sur tous les principes ; si vous n'avez pas pour moi la confiance, l'estime, le respect et l'affection nécessaires ; si vous n'avez pas d'esprit public et de solidarité ; si vous n'avez pas la fermeté et l'énergie qui conviennent à de véritables hommes ; si vous m'entravez au lieu de m'aider, alors je ne veux être responsable de personne et de rien.

Alors je ne veux être responsable ni des femmes, ni des hommes, ni des nourrices, ni de leurs nourrissons, ni des petites filles, ni des petits garçons, ni des jeunes filles sorties de l'école, ni des jeunes gens.

Par exemple, je crois que nos principes sur le mariage et la famille sont les plus capables de maintenir dans une société la moralité la plus parfaite ; mais si mes doctrines et mes conseils sur la décence et la pudeur, sur la simplicité sans coquetterie, pouvaient être impunément méconnus, je ne voudrais répondre de personne.

Je crois l'éducation Icarienne la plus capable de faire des Icariens parfaits. Et, d'un autre côté, je puis dire que je suis tellement rempli d'amour, de sollicitude et de dévouement pour vos petites filles et vos petits garçons, comme s'ils étaient mes propres enfants, que je les aime mieux que vous, car je les aime tout autant peut-être, et mon amour est plus éclairé, plus capable de les rendre heureux ; mais, si les mères me contrariaient en tout, s'il fallait discutailler avec beaucoup d'entre elles sur les moindres détails de mon système d'éducation, afin de soustraire leurs enfants à l'aveuglement de l'amour maternel ; alors je ne voudrais plus avoir la responsabilité de nos écoles.

Si mon influence sur nos jeunes filles ne répondait pas à mon tendre intérêt pour elles ; alors, quel que pût en être mon regret, je ne voudrais me rendre responsable ni de leurs sentiments, ni de leur conduite, ni de leur bonheur.

Si, au sortir de l'école, nos jeunes gens ou ceux qui arrivent trop âgés pour y entrer, étaient profondément ignorants, indociles, indisciplinés, irrespectueux envers les vieillards, sans que j'eusse les moyens de les rendre plus estimables dans leur propre intérêt, je serais trop honteux de leur ignorance, de leurs mauvaises habitudes et de leurs égarements pour qu'il me fût possible d'en accepter la responsabilité.

Je le répète, quels que soient mon amour et mon dévouement pour vous, si je n'ai pas l'autorité et le pouvoir nécessaires pour assurer votre bonheur, je ne veux plus en être responsable.

7° Il ne faut plus que je sois paralysé et entravé.

Pour que je puisse accomplir ma mission et vous être vraiment utile, il faut que je puisse être affranchi de tous les détails d'administration, pour ne m'occuper que des questions de haute organisation, de haute direction, d'éducation, de propagande pour faire connaître et faire apprécier nos principes. Il faut que je puisse correspondre fréquemment avec les Icariens de France et des autres pays, avec les écrivains et les sociétés philanthropiques, avec les hommes influents partout, et même avec les hommes généreux qui pourraient nous être utiles. Par là, je pourrais être bien autrement utile moi-même à Icarie que par tous les moyens ordinaires. Mais les divisions, les critiques, les discutailleries, les querelles dans lesquelles je suis forcé d'intervenir parce que je suis seul en position de les calmer, m'ont fait perdre un temps énorme et infiniment précieux, et m'ont entravé et paralysé en occasionnant à la Société un incalculable préjudice. Je ne veux donc plus être ainsi entravé et paralysé.

Je n'osais pas même écrire aux Icariens de France, parce que je ne pouvais pas leur dire toute la vérité comme je le fais aujourd'hui, et parce que, d'ailleurs, je suis trop honnête homme pour mentir et tromper; je n'ai pas même osé proposer moi-même, en France et ailleurs, une souscription pour aider à réparer la perte que nous avait occasionné un grand incendie ; mais les inconvénients de ce silence sont si graves que, je le répète, je ne veux plus être entravé et paralysé.

8° Je demande plusieurs graves modifications à notre Constitution et à nos lois, pour avoir plus d'autorité.

Avant de partir de France, j'avais demandé la Gérance unique et absolue pendant dix ans, parce que j'étais profondément convaincu que cette Gérance unique et absolue était indispensable pour fonder, au milieu de tous les ennemis et de tous les obstacles, une Colonie lointaine, avec des ouvriers démocrates et républicains, enclins à l'indépendance, réunis de tous les côtés et ne se connaissant pas entre eux, afin de les préparer et de les habituer à la démocratie la plus radicale pour les en faire jouir complètement après les dix ans. C'est par cette raison que, après chaque révolution, chaque parti établit une dictature, même quand il veut établir la liberté.

Si vous n'aviez pas partagé ma conviction à cet égard, je n'aurais pas émigré ; je ne me serais pas chargé de vous diriger ; mais vous avez tellement partagé mon avis, que vous avez déclaré que vous ne partiriez pas vous-même avec moi, si je n'avais pas une puissance dictatoriale, ajoutant que j'étais le seul homme connu de vous, avec qui vous consentiriez à partir ainsi.

En partant, vous avez juré de suivre ma direction sans critique et sans murmures.

Arrivés à Nauvoo, vous avez de nouveau formellement pris l'engagement de suivre ma direction sans résistance et sans réserve.

Mais, me retrouvant, contre mes prévisions, au milieu de l'ancien monde, avec ses préventions et ses préjugés, avec les hostilités et les calomnies de nos premiers dissidents, j'ai cru nécessaire de vous proposer une Constitution qui établissait une Gérance multiple (composée de six membres), élective et annuelle, avec des fonctionnaires et des agents également électifs et temporaires. Ce n'est qu'avec répugnance, vous vous le rappelez sans doute, que vous avez accepté cette grande innovation, et celui des orateurs qui la combattait le plus vivement disait, pour se consoler, que mon autorité, basée sur la confiance, serait nécessairement la même après comme avant la Constitution, car, ajoutait-il, qui d'entre nous aurait la témérité de mettre son opinion en parallèle avec celle du Fondateur d'Icarie ? Et même dans la discussion pour le rappel de la loi d'avril, celui qui combattait mon avis avec le plus d'opiniâtreté, le même qui parlait de se jeter à mes genoux pour me déterminer à revenir d'Europe, déclarait naïvement qu'il était prêt à me rendre, pour sa part, un pouvoir dictatorial, s'il était sûr que je pourrais l'exercer pendant longtemps.

Il y a bien du changement aujourd'hui, puisque je suis obligé de me plaindre d'une opposition systématique ?

Mais c'est précisément la naissance de cette opposition systématique qui, pour n'être pas entravé et paralysé, me met dans la nécessité de vous demander plus d'autorité, si vous voulez que je puisse vous être utile.

Cependant, loin de moi la pensée de vous demander formellement une dictature ; je vous demande seulement l'application des principes de la Constitution américaine, un Président élu pour 4 *ans*, chargé de la haute direction, de la haute administration et de l'exécution des lois, choisissant et révoquant, sous sa responsabilité, tous les Directeurs ou Administrateurs-généraux, tous les Agents et toutes les commissions qu'il juge nécessaires, pouvant travailler avec chacun d'eux séparement, ou les réunir en conseil, pour entendre leur avis et leur donner ses instructions.

Je veux qu'il soit bien entendu que j'aurai la Direction suprême pour tout ce qui concerne l'éducation, depuis la naissance jusqu'à la majorité, pour les orphelins et les orphelines, pour la distribution des logements, pour la distribution des travailleurs dans les ateliers, pour la composition de ceux-ci.

Je veux que toutes nos lois et tous nos règlements soient rigoureusement exécutés, surtout ceux relatifs à l'industrie, à son organisation, à sa discipline, à la nécessité d'une direction réelle pour chaque travail et d'un rapport par chaque directeur.

Je veux pouvoir nommer moi-même toutes les Commissions nécessaires, notamment des Commissions pour surveiller l'exécution des lois et règlements, et pour dénoncer et poursuivre les infractions qui peuvent troubler et compromettre la Société.

Je veux des fonctionnaires ou des commissions pour surveiller la décence, la propreté, la simplicité, l'ordre, le soin, l'économie, pour constater la santé des enfants lors de leur arrivée.

Les Directeurs des ateliers ordinaires continueront d'être élus avec la confirmation du Président; mais je veux avoir la nomination des directeurs d'ateliers ou des administrateurs dont les fonctions intéressent plus directement les finances, comme des directeurs du moulin et de la distillerie, des manufactures, des fermes.

Je veux la nomination du directeur de la Colonie dans l'Iowa.

Je veux même prendre tous les moyens qui peuvent dissiper toutes vos inquiétudes et toutes vos craintes, et pour vous mieux habituer à vous passer de moi, je veux m'absenter souvent; car c'est un rare tour de force que je fais en restant continuellement avec vous, tous les jours et du matin au soir.

La Colonie n'ayant aucune sanction pénale autre que l'opinion publique, qui peut être insuffisante, je veux que la

Communauté soit résolue à prononcer l'exclusion contre quiconque refuserait de se soumettre à toutes ses lois, et notamment contre quiconque la troublerait par des critiques hors de l'Assemblée générale, qui ne peuvent que paralyser le travail et détruire l'harmonie.

Si nous sommes d'accord sur toutes ces conditions, je suis convaincu que nous pouvons marcher ensemble au succès et au triomphe de la Communauté.

Je ne puis rien sans vous, mais vous ne pouvez rien sans moi.

Vous êtes libres de refuser, et moi j'ai la même liberté.

Mais je n'en ai pas le moindre doute, nous serons d'accord parce que c'est trop évidemment votre intérêt et même votre salut, surtout celui de nos vieillards et de nos infirmes, de nos femmes et de nos enfants.

Je vous préviens dès aujourd'hui que je vous présenterai incessamment des lois sur l'éducation, sur le mariage, sur l'admission des jeunes filles, sur l'admission en général, et sur la révision de la Constitution.

Je vous préviens même que je vous présenterai une autre grande innovation, tout opposée à celle que demandaient les adversaires de la loi d'Avril, car, pour augmenter la propagande et nos ressources de toutes espèces, je vous proposerai probablement de rendre moitié de l'apport, partie comptant, le reste en un billet à courte échéance, si l'on se retire un an après l'admission définitive, même 2/3 à celui qui se retirerait après deux ans, même les 3/4 à celui qui ne se retirerait qu'après deux ans et demi ou trois ans, même la totalité à celui qui ne se retirerait qu'après trois ou quatre ans, la restitution s'opérant toujours partie comptant et partie en un billet à courte échéance.

Cette combinaison pourrait déterminer des Icariens plus ou moins riches à apporter des sommes plus ou moins considérables, dont la Colonie pourrait jouir sans intérêt, en les employant dans des industries utiles avec l'assurance qu'elle pourrait en profiter pendant une année au moins, et, du reste, il dépendrait de la Colonie d'éviter les retraites et les restitutions, en pratiquant complètement l'union et la fraternité, avec tous les autres principes Icariens.

J'ajouterai, pour terminer, que tous mes efforts tendront à organiser la Communauté et à vous habituer à sa pratique, de manière que ma séparation d'avec vous n'ait plus aucun inconvénient.

Telle est notre situation morale aussi bien que matérielle.

Plus d'une fois en l'exposant et en dévoilant des désordres, des abus, des défauts, des vices et les torts graves d'une Opposition systématique, je me suis demandé si la publicité n'allait pas faire trop de mal, plus de mal que de bien, et si les ennemis du Peuple n'allaient pas se frotter les mains en disant : « Ayez » donc confiance dans les vertus du Peuple, dans son ins- » truction, dans sa raison et sa sagesse ! Dévouez-vous donc » à sa cause ! Où trouvera-t-il un homme plus dévoué que le » Fondateur d'Icarie, qui seul, entre tant d'écrivains, n'a pas » craint de joindre la pratique à la théorie ? Quel est le chef » populaire qui a rendu tant de services aux ouvriers, et qui » a reçu d'eux tant de témoignages publics de respect et » d'amour, remplacés par si peu d'égards et parfois tant » d'outrages de la part de ceux qu'il appelait des ouvriers » d'élite ?...... »

Mais je me réponds à l'instant : non, personne ne peut tenir un pareil langage, parce que la masse, la grande majorité est bonne et ne mérite pas les reproches qui ne s'adressent qu'à une faible minorité, composée d'un très petit nombre; et qu'y a-t-il d'étonnant qn'avec une majorité irréprochable, il se trouve une minorité aveugle ou désordonnée, quand cette minorité sort de l'ancien monde et quand la persécution ne nous a presque pas laissé la liberté du choix. Dans les circonstances qui ont précédé, accompagné et suivi notre émigration, ce qui me paraît étonnant, ce n'est pas qu'il y ait quelques défauts ou quelques vices parmi nos émigrants, mais c'est qu'il y ait tant de bonnes qualités et tant de vertus. Quel est le Peuple ou le Parti qui pourrait se vanter d'avoir moins d'alliage et plus de pureté? Et serait-il raisonnable de dire qu'une ville est composée d'ivrognes, parce qu'elle en renfermerait quelques-uns dans une population frugale et tempérante.

La publicité sans déguisement et sans voile ne fera donc pas de mal ou fera moins de mal que de bien. Ce sera le contre-poison qui sauvera le malade, ou le frein qui préviendra les écarts et les dangers. Et, comme ce Censeur romain qui voulait que sa maison fût de verre, je voudrais que tout ce qui se passe en Icarie fût entendu, vu, connu, afin d'être sûr qu'il ne s'y passerait rien qui pût mériter la censure.

D'après ce principe de publicité, je n'hésite pas à vous faire connaître, comme je vous l'ai précédemment annoncé, notre situation financière.

La Colonie doit environ 10,000 dollars ou 50,000 francs, payables à des termes divers, dans l'espace d'une et deux années; mais cette dette est représentée et garantie par des acquisitions d'immeubles et de meubles, des constructions, des améliorations, des approvisionnements, pour une valeur beaucoup plus considérable; car nos terres seules de l'Iowa, améliorées par notre agriculture, valent déjà plus de 50,000 dollars ou 250,000 francs.

Cette situation de nos finances est une raison impérieuse pour nous de travailler, en prenant tous les moyens de travailler utilement; c'est une raison d'avoir de l'ordre, du soin, de la frugalité, de la tempérance et de l'économie, mais non de nous inquiéter et de nous décourager; et si nous sommes d'accord, si vous marchez avec moi comme un seul homme, ma confiance dans nos principes et dans l'avenir est telle, que je n'hésiterais plus à faire les souscriptions et les emprunts que l'on me conseille depuis longtemps en France.

J'emprunterais même des millions pour vous et en mon nom, avec la certitude que nous pourrions les rendre facilement au jour fixé avec le seul produit de notre travail.

CABET.

LE FONDATEUR D'ICARIE

AUX ICARIENS DE FRANCE.

CHERS FRÈRES,

« Il y a longtemps que, à mon grand regret, je ne me suis pas mis en communication avec vous. Le compte-rendu sur la situation matérielle, financière et morale de la Colonie, après le 1er semestre de 1855, formant une des plus utiles brochures que j'aie publiées, vous en fera connaître les motifs. Je vous y dis toute la vérité ; je vous y fais connaître mon opinion, mes sentiments, mes vœux, ma résolution, et je désire que, en réponse et sans retard, vous envoyiez au Bureau Icarien, à Paris, des adresses exprimant vos propres opinions et vos propres sentiments.

» Je désire aussi que personne ne parte avant l'automne prochain, parce que nous n'aurons pas assez de logements au printemps, et parce que j'ai absolument besoin que vous ne partiez qu'en parfaite connaissance de cause, après avor entendu toutes mes explications, quand vous saurez tout ce qui se sera passé dans la Colonie, et quand vous et moi nous serons parfaitement d'accord.

« Si, comme je l'espère, et même comme je n'en doute pas, tout se passe ici suivant mes désirs, je vous écrirai, en mai ou en juin, venez ! et vous pourrez venir en toute sécurité.

» Dans le cas contraire, je vous dirai : ne venez pas ! parce que je ne veux pas vous tromper.

» Lors même que je vous engagerais à venir, après vous avoir expliqué, avec plus de détails que je ne l'ai fait jusqu'à présent, toutes les obligations icariennes, et vous avoir envoyé un *Guide Icarien* pour les partants et les arrivants, je vous répéterai encore : « Si vous êtes bien résolus à remplir toutes nos conditions d'admission, *venez !* mais, dans le cas contraire, ne *venez pas !* car nous sommes bien décidés à n'admettre que ceux qui, hommes ou femmes, sont bien décidés eux-mêmes à les accepter et à les remplir.

Nauvoo, le 3 décembre 1855.

Salut fraternel,

CABET.

ARRIVÉE

DU DÉPART DE SEPTEMBRE 1855.

90 nouveaux Icariens (dont 38 hommes, 21 femmes, 3 jeunes gens, 7 jeunes filles, 21 enfants), embarqués au Havre le 15 septembre, sont arrivés le 10 novembre à la Nouvelle-Orléans, où 6 sont restés pour gagner le complément de leur apport, tandis que les 84 autres sont montés à Nauvoo, où ils sont arrivés le 23, malgré les efforts et les calomnies des dissidents restés à Saint-Louis pour en détourner quelques-uns.

Leur voyage s'est fait sans aucun accident.

La commission de direction et d'administration choisie par eux au Havre a été réélue cinq fois à l'unanimité. La fraternité et l'union ont régné parmi eux pendant tout le temps de la traversée, et la Colonie leur a fait un accueil fraternel.

Le Président de la Communauté a eu de longues conférences avec eux dans lesquelles il s'est expliqué nettement sur tout; leur a fait connaître la situation matérielle et morale de la Colonie et les mesures importantes qu'il allait proposer pour remédier au mal ; ils ont tout approuvé puisqu'ils ont fait et signé leurs demandes en admission provisoire dans la Communauté. — 80 ont été admis par l'Assemblée générale, et quatre ont dû être refusés ou ajournés parce qu'ils ne pouvaient remplir toutes les conditions d'admission.

TABLE DES MATIÈRES.

FIN DE LA TABLE.

PARIS. — IMPRIMERIE FÉLIX MALTESTE ET Cie,

Rue des Deux-Portes-Saint-Sauveur, 22.

www.ingramcontent.com/pod-product-compliance
Ingram Content Group UK Ltd.
Pitfield, Milton Keynes, MK11 3LW, UK
UKHW021020140726
13695UKWH00001B/384